Yeni Başlayanlar İçin Vegan Mutfağı

Sağlıklı, Lezzetli ve Kolay Vegan Tarifler

Aylin Karaca

İçindekiler

Eski moda kurabiyeler 9

Hindistan cevizi Kremalı Pasta 11

Kolay çikolatalı şekerlemeler 13

Kış Baharatlı Farro Çorbası 15

Gökkuşağı Tavuk Salatası 17

Akdeniz mercimek salatası 19

Kavrulmuş kuşkonmaz ve avokado salatası 21

Çam fıstığı ile kremalı yeşil fasulye salatası 23

Lahana ile Cannellini fasulye çorbası 25

. Kremalı mantar kreması 26

Otantik İtalyan panzanella salatası 29

Kinoa ve siyah fasulye salatası 31

Baharatlı zengin bulgur salatası 33

Klasik Közlenmiş Biber Salatası 37

İyi kış kinoa çorbası 39

yeşil mercimek salatası 41

. Palamut kabağı, nohut ve kuskus çorbası 43

. Sarımsaklı crostini ile lahana çorbası 45

yeşil fasulye çorbası 48

Fransız geleneksel soğan çorbası 50

. kavrulmuş havuç çorbası 52

Penne ile İtalyan makarna salatası 54

Chana Chaat Hint Salatası 56

Tay tempeh şehriye salatası 58

Klasik Brokoli Kreması 60

mercimek ve kuru üzüm ile Fas salatası 62

Kuşkonmaz ve tavuk salatası 64

Eski Tarz Yeşil Fasulye Salatası 67

kış bezelye çorbası 69

İtalyan Cremini Mantar Çorbası 71

otlar ile patates kreması 74

Kinoa ve avokado salatası 76

Tofu ile tabbouleh salatası 78

Bahçe makarna salatası 80

geleneksel ukrayna pancar çorbası 83

beluga mercimek salatası 86

Hint Naan Salatası 88

Yunan Közlenmiş Biber Salatası 90

Fasulye ve patates çorbası 93

Turşu ile kış kinoa salatası 95

Kavrulmuş Yabani Mantar Çorbası 98

Akdeniz yeşil fasulye çorbası 100

havuç kremi 102

Nonna'nın İtalyan Pizza Salatası 105

Kremalı altın sebze çorbası 107

Geleneksel Hint Rajma Dal 110

kırmızı fasulye salatası 112

Anasazi fasulyesi ve sebze güveç 114

Kolay ve iyi shakshuka 117

eski moda acı biber 119

Kolay kırmızı mercimek salatası 122

Akdeniz Leblebi Salatası 124

Geleneksel Toskana fasulyesi yahnisi (Ribollita) 127

Sebze ve beyaz mercimek karışımı 129

Meksika Nohutlu Taco Kaseleri 131

Hintli Dal Makhani 133

Meksika Fasulyesi Güveç 135

klasik İtalyan sebzeli çorba 137

Yeşil sebzeli yeşil mercimek yahnisi 139

Nohut ile karışık sebzeler 141

baharatlı fasulye sosu 143

Çin soya salatası 145

Eski moda mercimek ve sebze suyu 148

Hint chana masala 150

kırmızı fasulye ezmesi 152

bir kase kahverengi mercimek 154

Sıcak ve Baharatlı Anasazi Fasulye Çorbası 156

Kara Gözlü Salata (Ñebbe) 158

Chili Mom şöhreti 160

Çam fıstığı ile tavuk fasulye salatası 162

Buda kase siyah fasulye 164

Orta Doğu Tavuk Bona 166

Mercimek ve domates sosu 168

Kremalı bezelye salatası 170

Orta Doğu Za'atar Humus 173

Çam fıstıklı mercimek salatası 175

Sıcak Anasazi Fasulye Salatası 177

Geleneksel Mnazaleh Yahnisi 179

Kırmızı mercimek ile kremalı biber 181

Wok Kızarmış Baharatlı Fasulye 183

hızlı biber her gün 185

Börülce kremalı salata 188

Nohut ile doldurulmuş avokado 190

Kara Fasulye Çorbası 192

Otlar ile beluga mercimek salatası 196

İtalyan fasulye salatası 199

Beyaz fasulye ile doldurulmuş domates 201

Börülceli Kış Bezelye Çorbası 203

kırmızı fasulye köfte 205

Ev yapımı bezelye burgerleri 207

Kara fasulye ve ıspanak güveç 209

Şimdiye kadarki en iyi çikolatalı granola 212

Güz Kabak Barbekü Kurabiye 214

Eski moda kurabiyeler

(Yaklaşık 45 dakikada hazır | 12 kişilik)

Porsiyon başına: Kalori: 167; Yağ: 8.6g; Karbonhidratlar: 19.6g; Protein: 2.7g

hammadde

1 fincan çok amaçlı un

1 çay kaşığı kabartma tozu

Bir tutam tuz

Bir tutam rendelenmiş hindistan cevizi

1/2 çay kaşığı öğütülmüş tarçın

1/4 çay kaşığı öğütülmüş kakule

1/2 su bardağı fıstık ezmesi

2 yemek kaşığı hindistan cevizi yağı, oda sıcaklığında

2 yemek kaşığı badem sütü

1/2 su bardağı esmer şeker

1 çay kaşığı vanilya özü

1 su bardağı vegan çikolata parçaları

Talimatlar

Un, kabartma tozu ve baharatları bir karıştırma kabında birleştirin.

Başka bir kapta fıstık ezmesi, hindistan cevizi yağı, badem sütü, şeker ve vanilyayı karıştırın. Islak karışımı kuru malzemelere ekleyin ve iyice birleşene kadar karıştırın.

Çikolata parçacıklarını ekleyin. Pili yaklaşık 30 dakika buzdolabınıza yerleştirin. Hamuru küçük kurabiyeler haline getirin ve parşömen kağıdıyla kaplı bir fırın tepsisine yerleştirin.

Önceden ısıtılmış 350 derece F fırında yaklaşık 11 dakika pişirin. Servis yapmadan önce hafifçe soğuması için bir tel rafa aktarın. Lütfen!

Hindistan cevizi Kremalı Pasta

(Yaklaşık 15 dakikada hazır + soğuma süresi | 12 kişilik)

Porsiyon başına: Kalori: 295; Yağ: 21.1g; Karbonhidratlar: 27.1g; Protein: 3.8g

hammadde

kabuk:

2 su bardağı ceviz

10 taze hurma, doğranmış

2 yemek kaşığı oda sıcaklığında hindistan cevizi yağı

1/4 çay kaşığı kasık kakule

1/2 çay kaşığı öğütülmüş tarçın

1 çay kaşığı vanilya özü

Dolgu:

2 orta olgunlaşmış muz

2 donmuş muz

1 su bardağı bütün hindistan cevizi kreması, çok soğuk

1/3 su bardağı agav şurubu

Süslemek:

3 ons vegan bitter çikolata, traşlanmış

Talimatlar

Mutfak robotunuzda, karışım pürüzsüz olana kadar hamur malzemelerini birleştirin; hafifçe yağlanmış fırın tepsisine hamuru bastırın.

Ardından dolgu katmanını karıştırın. Dolguyu kabuğun üzerine dökün ve bir spatula ile düz bir yüzey oluşturun.

Pastayı yaklaşık 3 saat dondurucuya koyun. Dondurucunuzda saklayın.

Servis yapmadan hemen önce çikolata rendesi ile süsleyin. Lütfen!

Kolay çikolatalı şekerlemeler

(Yaklaşık 35 dakikada hazır | 8 Kişilik)

Porsiyon başına: Kalori: 232; Yağ: 15,5 gr; Karbonhidratlar: 19.6g; Protein: 3.4g

hammadde

10 ons bitter çikolata, parçalara ayrılmış

6 yemek kaşığı hindistan cevizi sütü, ılık

1/4 çay kaşığı öğütülmüş tarçın

1/4 çay kaşığı öğütülmüş anason

1/2 çay kaşığı vanilya özü

1/4 fincan kakao tozu, şekersiz

Talimatlar

İyice karışana kadar çikolata, sıcak hindistan cevizi sütü, tarçın, anason ve vanilyayı karıştırın.

Karışımı 1 onsluk kısımlara bölmek için bir çerez kepçe kullanın. Topları elinizle yuvarlayın ve en az 30 dakika buzdolabında bekletin.

Çikolata toplarını kakao tozuna batırın ve servise hazır olana kadar soğutun. Lütfen!

Kış Baharatlı Farro Çorbası

(Yaklaşık 30 dakikada hazır | 4 Kişilik)

Porsiyon başına: Kalori: 298; Yağ: 8.9g; Karbonhidrat: 44.6 gr; Protein: 11.7g

Hammadde

2 yemek kaşığı zeytinyağı

1 orta boy pırasa, doğranmış

1 orta boy pancar, dilimlenmiş

2 İtalyan acı biber, tohumlanmış ve doğranmış

1 jalapeno biber, doğranmış

2 patates, soyulmuş ve doğranmış

4 su bardağı sebze suyu

1 su bardağı farro, durulanmış

1/2 çay kaşığı granül sarımsak

1/2 çay kaşığı zerdeçal tozu

1 defne yaprağı

2 su bardağı ıspanak, doğranmış

adresler

Zeytinyağını ağır dipli bir tencerede orta ateşte ısıtın. Şimdi pırasa, şalgam, biber ve patatesleri çıtır çıtır olana kadar yaklaşık 5 dakika kızartın.

Sebze suyu, farro, toz sarımsak, zerdeçal ve defne yaprağını ekleyin; kaynatın.

Hemen kaynatın. Yaklaşık 25 dakika veya farro ve patatesler yumuşayana kadar pişirin.

Ispanağı ekleyin ve tavayı ocaktan alın; Ispanağı kalan ısıda soluncaya kadar bekletin. Lütfen!

Gökkuşağı Tavuk Salatası

(Yaklaşık 30 dakikada hazır | 4 Kişilik)

Porsiyon başına: Kalori: 378; Yağ: 24 gr; Karbonhidrat: 34.2g; Protein: 10.1g

Hammadde

16 ons konserve nohut, süzülmüş

1 orta boy avokado, dilimlenmiş

1 dolmalık biber, tohumlanmış ve dilimlenmiş

1 büyük domates, dilimlenmiş

2 salatalık, doğranmış

1 dilimlenmiş kırmızı soğan

1/2 çay kaşığı kıyılmış sarımsak

1/4 su bardağı kıyılmış taze maydanoz

1/4 su bardağı zeytinyağı

2 yemek kaşığı elma sirkesi

1/2 taze sıkılmış kireç

Tatmak için deniz tuzu ve öğütülmüş karabiber

adresler

Tüm malzemeleri bir salata kasesinde karıştırın.

Salatayı servis etmeden önce yaklaşık 1 saat buzdolabına koyun.

Lütfen!

Akdeniz mercimek salatası

(Yaklaşık 20 dakikada hazır + soğuma süresi | 5 Kişilik)

Porsiyon başına: Kalori: 348; Yağ: 15 gr; Karbonhidrat: 41.6 gr; Protein: 15.8g

Hammadde

1 ½ su bardağı kırmızı mercimek, yıkanmış

1 çay kaşığı şarküteri hardalı

1/2 taze sıkılmış limon

2 yemek kaşığı tamari sosu

2 sap frenk soğanı, kıyılmış

1/4 su bardağı sızma zeytinyağı

2 diş kıyılmış sarımsak

1 su bardağı bal kabağı, parçalar halinde kesilmiş

2 yemek kaşığı kıyılmış taze maydanoz

2 yemek kaşığı kıyılmış taze kişniş

1 çay kaşığı taze fesleğen

1 çay kaşığı taze kekik

1 ½ su bardağı çeri domates, ikiye bölünmüş

3 ons Kalamata zeytin, çekirdeksiz ve yarıya

adresler

Büyük bir tencerede 4 ½ su bardağı su ve kırmızı mercimekleri kaynatın.

Hemen kaynatmak için ısıyı azaltın ve mercimekleri yaklaşık 15 dakika veya yumuşayana kadar pişirmeye devam edin. Boşaltın ve tamamen soğumaya bırakın.

Mercimekleri bir salata kasesine aktarın; mercimekleri kalan malzemelerle iyice karışana kadar atın.

Soğuk veya oda sıcaklığında servis yapın. Lütfen!

Kavrulmuş kuşkonmaz ve avokado salatası

(Yaklaşık 20 dakikada hazır + soğuma süresi | 4 Kişilik)

Porsiyon başına: Kalori: 378; Yağ: 33.2g; Karbonhidratlar: 18.6g; Protein: 7.8g

Hammadde

1 pound kuşkonmaz, küçük parçalar halinde kesilmiş

1 sarımsak, kıyılmış

2 diş kıyılmış sarımsak

1 Roma domates, dilimlenmiş

1/4 su bardağı zeytinyağı

1/4 su bardağı balzamik sirke

1 yemek kaşığı taş öğütülmüş hardal

2 yemek kaşığı kıyılmış taze maydanoz

1 yemek kaşığı kıyılmış taze kişniş

1 yemek kaşığı kıyılmış taze fesleğen

Tatmak için deniz tuzu ve öğütülmüş karabiber

1 küçük avokado, çekirdeksiz ve doğranmış

1/2 su bardağı çam fıstığı, kıyılmış

adresler

Fırınınızı 420 derece F'ye ısıtarak başlayın.

Kuşkonmazları 1 çorba kaşığı zeytinyağı ile karıştırın ve parşömen kağıdı ile kaplı bir fırın tepsisine yerleştirin.

Eşit pişirmeyi desteklemek için tavayı bir veya iki kez çevirerek yaklaşık 15 dakika pişirin. Tamamen soğumaya bırakın ve salata kasenize koyun.

Kuşkonmazı sebzeler, zeytinyağı, sirke, hardal ve bitkilerle karıştırın. Tatmak için biber ve tuz.

Avokado ve çam fıstığı ile karıştırın ve süsleyin. Lütfen!

Çam fıstığı ile kremalı yeşil fasulye salatası

(Yaklaşık 10 dakikada hazır + soğuma süresi | 5 Kişilik)

Porsiyon başına: Kalori: 308; Yağ: 26.2g; Karbonhidratlar: 16.6g; Protein: 5.8g

Hammadde

1 ½ pound yeşil fasulye, kesilmiş

2 orta boy domates, doğranmış

2 dolmalık biber, çekirdekleri çıkarılmış ve doğranmış

4 yemek kaşığı doğranmış arpacık

1/2 su bardağı çam fıstığı, kıyılmış

1/2 su bardağı vegan mayonez

1 yemek kaşığı gurme hardal

2 yemek kaşığı kıyılmış taze fesleğen

2 yemek kaşığı kıyılmış taze maydanoz

1/2 çay kaşığı öğütülmüş kırmızı biber gevreği

Tatmak için deniz tuzu ve taze çekilmiş karabiber

adresler

Yeşil fasulyeleri büyük bir tencerede tuzlu suda yumuşayana kadar yaklaşık 2 dakika kaynatın.

Fasulyeleri tamamen boşaltın ve soğutun; sonra bir salata kasesine aktarın. Fasulyeleri diğer malzemelerle karıştırın.

Tatlandırın ve baharatı ayarlayın. Lütfen!

Lahana ile Cannellini fasulye çorbası

(Yaklaşık 25 dakikada hazır | 5 yapar)

Porsiyon başına: Kalori: 188; Yağ: 4.7g; Karbonhidratlar: 24.5g; Protein: 11.1g

Hammadde

1 yemek kaşığı zeytinyağı

1/2 çay kaşığı kıyılmış zencefil

1/2 çay kaşığı kimyon tohumu

1 doğranmış kırmızı soğan

1 havuç, ayıklanmış ve doğranmış

1 yaban havucu, kırpılmış ve doğranmış

2 diş kıyılmış sarımsak

5 su bardağı sebze suyu

12 ons cannellini fasulyesi, süzülmüş

2 su bardağı lahana, parçalar halinde kesilmiş

Tatmak için deniz tuzu ve öğütülmüş karabiber

adresler

Zeytinleri ağır bir tencerede orta-yüksek ateşte ısıtın. Şimdi zencefil ve kimyonu yaklaşık 1 dakika kızartın.

Şimdi soğanı, havucu ve yaban havucunu ekleyin; 3 dakika daha veya sebzeler yumuşayana kadar sotelemeye devam edin.

Sarımsağı ekleyin ve 1 dakika veya aromatik olana kadar pişirmeye devam edin.

Sonra sebze suyunu dökün ve kaynatın. Hemen ısıyı düşük seviyeye indirin ve 10 dakika pişirin.

Cannellini fasulyesi ve lahanayı karıştırın; lahana soluncaya ve her şey iyice ısınana kadar kaynamaya devam edin. Tatmak için tuz ve karabiber ekleyin.

Bireysel kaselere dökün ve sıcak servis yapın. Lütfen!

. Kremalı mantar kreması

(Yaklaşık 15 dakikada hazır | 5 yapar)

Porsiyon başına: Kalori: 308; Yağ: 25,5 gr; Karbonhidratlar: 11.8g; Protein: 11.6g

Hammadde

2 yemek kaşığı soya yağı

1 büyük arpacık soğan, doğranmış

20 ons cremini mantarı, dilimlenmiş

2 diş kıyılmış sarımsak

4 yemek kaşığı keten tohumu unu

5 su bardağı sebze suyu

1 1/3 su bardağı taze hindistan cevizi sütü

1 defne yaprağı

Tatmak için deniz tuzu ve öğütülmüş karabiber

adresler

Vegan tereyağını orta-yüksek ateşte bir tencerede eritin. Sıcakken arpacık soğanlarını yumuşayana ve hoş kokulu olana kadar yaklaşık 3 dakika pişirin.

Mantarları ve sarımsağı ekleyip mantarlar yumuşayana kadar pişirmeye devam edin. Keten tohumu ununu ekleyin ve yaklaşık 1 dakika pişirmeye devam edin.

Diğer malzemeleri ekleyin. Kapağın altında kaynatın ve çorba hafifçe koyulaşana kadar 5-6 dakika daha pişirmeye devam edin.

Lütfen!

Otantik İtalyan panzanella salatası

(Yaklaşık 35 dakikada hazır | 3 Kişilik)

Porsiyon başına: Kalori: 334; Yağ: 20.4g; Karbonhidratlar: 33.3g; Protein: 8.3g

Hammadde

1 inçlik küpler halinde kırılmış 3 su bardağı esnaf ekmeği

3/4 pound kuşkonmaz, kesilmiş ve küçük parçalar halinde kesilmiş

4 yemek kaşığı sızma zeytinyağı

1 doğranmış kırmızı soğan

2 yemek kaşığı taze limon suyu

1 çay kaşığı şarküteri hardalı

2 orta boy domates, doğranmış

2 su bardağı roka

2 su bardağı bebek ıspanak

2 İtalyan chiles, tohumlanmış ve dilimlenmiş

Tatmak için deniz tuzu ve öğütülmüş karabiber

adresler

Krutonları pişirme kağıdıyla kaplı bir fırın tepsisine yerleştirin. Önceden ısıtılmış 310 derece F fırında yaklaşık 20 dakika pişirin, fırın tepsisini pişirme süresi boyunca iki kez döndürün; rezervasyon

Fırını 420 derece F'ye çevirin ve kuşkonmazı 1 çorba kaşığı zeytinyağı ile atın. Kuşkonmazı yaklaşık 15 dakika veya çıtır çıtır olana kadar ızgara yapın.

Kalan malzemeleri bir salata kasesinde birleştirin; üstüne kavrulmuş kuşkonmaz ve kızarmış ekmek.

Lütfen!

Kinoa ve siyah fasulye salatası

(Yaklaşık 15 dakikada hazır + soğuma süresi | 4 kişilik)

Porsiyon başına: Kalori: 433; Yağ: 17.3g; Karbonhidratlar: 57 gr; Protein: 15.1g

Hammadde

2 bardak su

1 su bardağı kinoa, durulanmış

16 ons konserve siyah fasulye, süzülmüş

2 Roma domates, dilimlenmiş

1 kırmızı soğan, ince kıyılmış

1 salatalık, tohumlanmış ve doğranmış

2 diş sarımsak, preslenmiş veya kıyılmış

2 İtalyan chiles, tohumlanmış ve dilimlenmiş

2 yemek kaşığı kıyılmış taze maydanoz

2 yemek kaşığı kıyılmış taze kişniş

1/4 su bardağı zeytinyağı

1 taze sıkılmış limon

1 yemek kaşığı elma sirkesi

1/2 çay kaşığı kuru dereotu

1/2 çay kaşığı kurutulmuş kekik

Tatmak için deniz tuzu ve öğütülmüş karabiber

adresler

Su ve kinoayı bir tencereye alıp kaynamaya bırakın. Hemen kaynatın.

Kinoa tüm suyu emene kadar yaklaşık 13 dakika pişirin; Kinoayı bir çatalla kabartın ve tamamen soğumaya bırakın. Daha sonra kinoayı bir kaseye aktarın.

Kalan malzemeleri salata kasesine ekleyin ve iyice karıştırın. Lütfen!

Baharatlı zengin bulgur salatası

(Yaklaşık 20 dakikada hazır + soğuma süresi | 4 Kişilik)

Porsiyon başına: Kalori: 408; Yağ: 18.3g; Karbonhidrat: 51.8g; Protein: 13.1g

Hammadde

2 bardak su

1 su bardağı bulgur

12 ons konserve nohut, süzülmüş

1 İran salatalık, ince dilimlenmiş

2 dolmalık biber, çekirdekleri çıkarılmış ve ince dilimlenmiş

1 jalapeno biber, çekirdeksiz ve ince dilimlenmiş

2 Roma domates, dilimlenmiş

1 soğan, ince kıyılmış

2 yemek kaşığı kıyılmış taze fesleğen

2 yemek kaşığı kıyılmış taze maydanoz

2 yemek kaşığı kıyılmış taze nane

2 yemek kaşığı kıyılmış taze kişniş

4 yemek kaşığı zeytinyağı

1 yemek kaşığı balzamik sirke

1 yemek kaşığı limon suyu

1 çay kaşığı taze sarımsak, preslenmiş

Tatmak için deniz tuzu ve taze çekilmiş karabiber

2 yemek kaşığı besin mayası

1/2 bardak Kalamata zeytin, dilimlenmiş

adresler

Su ve bulguru bir tencerede kaynatın. Hemen ateşi kısın ve yaklaşık 20 dakika veya bulgur yumuşayana ve su neredeyse emilene kadar pişirin. Bir çatalla karıştırın ve soğuması için geniş bir tabağa yayın.

Bulguru bir kaseye alın, ardından nohut, salatalık, biber, domates, soğan, fesleğen, maydanoz, nane ve frenk soğanı ekleyin.

Küçük bir kasede zeytinyağı, balzamik sirke, limon suyu, sarımsak, tuz ve karabiberi çırpın. Salatayı baharatlayın ve karıştırın.

Besin mayası serpin, zeytinlerle süsleyin ve oda sıcaklığında servis yapın. Lütfen!

Klasik Közlenmiş Biber Salatası

(Yaklaşık 15 dakikada hazır + soğuma süresi | 3 Kişilik)

Porsiyon başına: Kalori: 178; Yağ: 14.4g; Karbonhidratlar: 11.8g; Protein: 2.4g

Hammadde

6 biber

3 yemek kaşığı sızma zeytinyağı

3 çay kaşığı kırmızı şarap sirkesi

3 diş sarımsak, ince kıyılmış

2 yemek kaşığı kıyılmış taze maydanoz

Tatmak için deniz tuzu ve taze çekilmiş karabiber

1/2 çay kaşığı kırmızı biber gevreği

6 yemek kaşığı çam fıstığı, kıyılmış

adresler

Biberleri parşömen kağıdı serili fırın tepsisinde yaklaşık 10 dakika, pişirmenin yarısında tavayı çevirerek her tarafı kızarana kadar közleyin.

Ardından biberleri buharlamak için plastik ambalajla örtün. Kabuğu, tohumları ve posayı atın.

Biberleri şeritler halinde kesin ve diğer malzemelerle karıştırın. Servis yapmaya hazır olana kadar buzdolabınıza koyun. Lütfen!

İyi kış kinoa çorbası

(Yaklaşık 25 dakikada hazır | 4 Kişilik)

Porsiyon başına: Kalori: 328; Yağ: 11.1g; Karbonhidratlar: 44.1g; Protein: 13.3g

Hammadde

2 yemek kaşığı zeytinyağı

1 doğranmış soğan

2 havuç, soyulmuş ve doğranmış

1 kıyılmış maydanoz

1 sap kereviz doğranmış

1 su bardağı doğranmış sarı kabak

4 diş sarımsak, preslenmiş veya kıyılmış

4 su bardağı kavrulmuş sebze suyu

2 orta boy domates, ezilmiş

1 su bardağı kinoa

Tatmak için deniz tuzu ve öğütülmüş karabiber

1 defne yaprağı

2 su bardağı pazı, sert kaburgaları çıkarılmış ve parçalar halinde kesilmiş

2 yemek kaşığı kıyılmış İtalyan maydanozu

adresler

Zeytinleri ağır bir tencerede orta-yüksek ateşte ısıtın. Şimdi soğanı, havucu, yaban havucunu, kerevizi ve sarı kabağı yaklaşık 3 dakika veya sebzeler yumuşayana kadar kızartın.

Sarımsağı ekleyin ve 1 dakika veya aromatik olana kadar pişirmeye devam edin.

Daha sonra sebze suyu, domates, kinoa, tuz, karabiber ve defne yaprağını ekleyin; kaynatın. Isıyı hemen düşürün ve 13 dakika pişirin.

Patates ekleyin; İsviçreli kişi soluncaya kadar kaynamaya devam edin.

Ayrı kaselere koyun ve taze maydanozla süsleyerek servis yapın. Lütfen!

yeşil mercimek salatası

(Yaklaşık 20 dakikada hazır + soğuma süresi | 5 Kişilik)

Porsiyon başına: Kalori: 349; Yağ: 15.1g; Karbonhidrat: 40.9g; Protein: 15.4g

Hammadde

1 ½ su bardağı yeşil mercimek, yıkanmış

2 su bardağı roka

2 su bardağı marul, parçalar halinde kesilmiş

1 su bardağı bebek ıspanak

1/4 su bardağı kıyılmış taze fesleğen

1/2 bardak kıyılmış arpacık

2 diş sarımsak, ince kıyılmış

1/4 su bardağı yağ dolu güneşte kurutulmuş domates, durulanmış ve doğranmış

5 yemek kaşığı sızma zeytinyağı

3 yemek kaşığı taze limon suyu

Tatmak için deniz tuzu ve öğütülmüş karabiber

adresler

4 ½ su bardağı su ve kırmızı mercimekleri büyük bir tencerede kaynatın.

Hemen ısıyı bir kaynamaya düşürün ve mercimekleri 15-17 dakika daha veya yumuşayana kadar ancak yumuşayana kadar pişirmeye devam edin. Boşaltın ve tamamen soğumaya bırakın.

Mercimekleri bir salata kasesine aktarın; mercimekleri kalan malzemelerle iyice karışana kadar atın.

Soğuk veya oda sıcaklığında servis yapın. Lütfen!

. Palamut kabağı, nohut ve kuskus çorbası

(Yaklaşık 20 dakikada hazır | 4 Kişilik)

Porsiyon başına: Kalori: 378; Yağ: 11 gr; Karbonhidratlar: 60.1g; Protein: 10.9g

Hammadde

2 yemek kaşığı zeytinyağı

1 arpacık soğan, kıyılmış

1 havuç, ayıklanmış ve doğranmış

2 su bardağı kıyılmış kabak

1 sap kereviz doğranmış

1 çay kaşığı ince kıyılmış sarımsak

1 çay kaşığı kurutulmuş biberiye, doğranmış

1 çay kaşığı kuru kekik, doğranmış

2 su bardağı soğan kreması

2 bardak su

1 su bardağı kuru kuskus

Tatmak için deniz tuzu ve öğütülmüş karabiber

1/2 çay kaşığı kırmızı biber gevreği

6 ons konserve nohut, süzülmüş

2 yemek kaşığı taze limon suyu

adresler

Zeytinleri ağır bir tencerede orta-yüksek ateşte ısıtın. Şimdi arpacık soğanı, havucu, kabağı ve kerevizi yaklaşık 3 dakika veya sebzeler yumuşayana kadar kızartın.

Sarımsak, biberiye ve kekiği ekleyin ve 1 dakika veya aromatik olana kadar kızartmaya devam edin.

Ardından çorba, su, kuskus, tuz, karabiber ve pul biberi ekleyin; kaynatın. Isıyı hemen düşürün ve 12 dakika pişirin.

Konserve nohutları karıştırın; Tamamen ısıtılana kadar veya yaklaşık 5 dakika daha uzun süre kaynamaya devam edin.

Ayrı kaselerde servis yapın ve üzerine limon suyu gezdirin. Lütfen!

. Sarımsaklı crostini ile lahana çorbası

(Yaklaşık 1 saatte hazır | 4 kişilik)

Porsiyon başına: Kalori: 408; Yağ: 23.1g; Karbonhidratlar: 37.6g; Protein: 11.8g

Hammadde

Çorba:

2 yemek kaşığı zeytinyağı

1 orta boy pırasa doğranmış

1 su bardağı doğranmış pancar

1 kıyılmış maydanoz

1 dilimlenmiş havuç

2 su bardağı kıyılmış lahana

2 diş sarımsak, ince kıyılmış

4 su bardağı sebze suyu

2 defne yaprağı

Tatmak için deniz tuzu ve öğütülmüş karabiber

1/4 çay kaşığı kimyon tohumu

1/2 çay kaşığı hardal tohumu

1 çay kaşığı kuru fesleğen

2 domates, püresi

Crostini:

8 dilim baget

2 baş sarımsak

4 yemek kaşığı sızma zeytinyağı

adresler

2 yemek kaşığı zeytini orta-yüksek ateşte bir tencerede ısıtın. Şimdi pırasayı, şalgamı, yaban havucunu ve havucu yaklaşık 4 dakika veya sebzeler çıtır çıtır olana kadar kızartın.

Sarımsak ve lahanayı ekleyin ve 1 dakika veya aromatik olana kadar kızartmaya devam edin.

Daha sonra sebze suyu, defne yaprağı, tuz, karabiber, kimyon, hardal, kuru fesleğen ve domates püresini ekleyin; kaynatın. Isıyı hemen kaynatın ve yaklaşık 20 dakika pişirin.

Bu arada, fırını önceden 375 derece F'ye ısıtın. Şimdi sarımsak ve baget dilimlerini yaklaşık 15 dakika kızartın. Crostinis'i fırından çıkarın.

Sarımsağı 45 dakika daha veya çok yumuşak olana kadar pişirmeye devam edin. Sarımsağı soğumaya bırakın.

Şimdi tüm dişleri ayırmak için her bir baş sarımsağı keskin bir bıçakla kesin.

Kavrulmuş sarımsak dişlerini kabuklarından sıkın. Sarımsak kütlesini 4 yemek kaşığı sızma zeytinyağı ile ezin.

Kavrulmuş sarımsak karışımını crostini'nin üstüne eşit şekilde yayın. Sıcak çorba ile servis yapın. Lütfen!

yeşil fasulye çorbası

(Yaklaşık 35 dakikada hazır | 4 Kişilik)

Porsiyon başına: Kalori: 410; Yağ: 19.6g; Karbonhidratlar: 50.6g; Protein: 13.3g

Hammadde

1 yemek kaşığı susam yağı

1 doğranmış soğan

1 yeşil dolmalık biber, tohumlanmış ve doğranmış

2 patates, soyulmuş ve doğranmış

2 diş kıyılmış sarımsak

4 su bardağı sebze suyu

1 pound yeşil fasulye, doğranmış

Baharat için deniz tuzu ve öğütülmüş karabiber

1 su bardağı taze hindistan cevizi sütü

adresler

Susamları ağır bir tencerede orta-yüksek ateşte ısıtın. Şimdi soğanı, biberi ve patatesleri düzenli olarak karıştırarak yaklaşık 5 dakika soteleyin.

Sarımsağı ekleyin ve 1 dakika veya kokulu olana kadar pişirmeye devam edin.

Daha sonra sebze suyu, yeşil fasulye, tuz ve karabiberi ekleyin; kaynatın. Hemen ısıyı düşük seviyeye indirin ve 20 dakika pişirin.

Yeşil fasulye karışımını, kremsi ve pürüzsüz olana kadar daldırmalı bir karıştırıcı ile püre haline getirin.

Püre haline gelen karışımı tencereye geri koyun. Hindistan cevizi sütünü ekleyin ve koyulaşana kadar veya yaklaşık 5 dakika daha kaynamaya devam edin.

Bireysel kaselere dökün ve sıcak servis yapın. Lütfen!

Fransız geleneksel soğan çorbası

(Yaklaşık 1:30'da hazır | 4. Bölüm)

Porsiyon başına: Kalori: 129; Yağ: 8.6g; Karbonhidratlar: 7.4g; Protein: 6.3g

Hammadde

2 yemek kaşığı zeytinyağı

2 büyük sarı soğan, ince dilimlenmiş

2 dal kekik, doğranmış

2 dal biberiye, doğranmış

2 çay kaşığı balzamik sirke

4 su bardağı sebze suyu

Tatmak için deniz tuzu ve öğütülmüş karabiber

adresler

Zeytinyağını bir tencerede veya tencerede orta ateşte ısıtın. Şimdi soğanı kekik, biberiye ve 1 çay kaşığı deniz tuzu ile yaklaşık 2 dakika pişirin.

Şimdi ısıyı orta-düşük seviyeye düşürün ve soğanlar karamelleşene kadar veya yaklaşık 50 dakika pişirmeye devam edin.

Balzamik sirkeyi ekleyin ve 15 dakika daha pişirmeye devam edin. Et suyu, tuz ve karabiberi ekleyip 20-25 dakika pişirmeye devam edin.

Tost ile servis yapın ve tadını çıkarın!

. kavrulmuş havuç çorbası

(Yaklaşık 50 dakikada hazır | 4 Kişilik)

Porsiyon başına: Kalori: 264; Yağ: 18.6g; Karbonhidratlar: 20.1g; Protein: 7.4g

Hammadde

1 ½ pound havuç

4 yemek kaşığı zeytinyağı

1 doğranmış sarı soğan

2 diş kıyılmış sarımsak

1/3 çay kaşığı öğütülmüş kimyon

Tatmak için deniz tuzu ve beyaz biber.

1/2 çay kaşığı zerdeçal tozu

4 su bardağı sebze suyu

2 çay kaşığı limon suyu

2 yemek kaşığı taze kişniş, doğranmış

adresler

Fırınınızı 400 derece F'ye önceden ısıtarak başlayın. Havuçları parşömen kağıdıyla kaplı büyük bir fırın tepsisine yerleştirin; havuçları 2 yemek kaşığı zeytinyağı ile atın.

Havuçları yaklaşık 35 dakika veya yumuşayana kadar ızgara yapın.

Kalan 2 yemek kaşığı zeytinyağını kalın tabanlı bir tencerede ısıtın. Şimdi soğanı ve sarımsağı yaklaşık 3 dakika veya aromatik olana kadar kızartın.

Kimyon, tuz, karabiber, zerdeçal, sebze suyu ve kavrulmuş havuç ekleyin. 12 dakika daha kısık ateşte pişirmeye devam edin.

Çorbanızı blenderdan geçirin. Limon suyunu çorbanın üzerine gezdirin ve taze kişniş yapraklarıyla süsleyerek servis yapın. Lütfen!

Penne ile İtalyan makarna salatası

(Yaklaşık 15 dakikada hazır + soğuma süresi | 3 Kişilik)

Porsiyon başına: Kalori: 614; Yağ: 18.1g; Karbonhidratlar: 101 gr; Protein: 15.4g

Hammadde

9 ons penne makarna

9 ons konserve cannellini fasulyesi, süzülmüş

1 küçük soğan, ince kıyılmış

1/3 su bardağı niçoise zeytin, çekirdeksiz ve dilimlenmiş

2 İtalyan biberi, dilimlenmiş

1 su bardağı çeri domates, ikiye bölünmüş

3 bardak roka

Bandaj:

3 yemek kaşığı sızma zeytinyağı

1 çay kaşığı limon kabuğu rendesi

1 çay kaşığı kıyılmış sarımsak

3 yemek kaşığı balzamik sirke

1 çay kaşığı İtalyan bitki karışımı

Tatmak için deniz tuzu ve öğütülmüş karabiber

adresler

Penne makarnayı paketindeki tarife göre pişirin. Makarnayı süzün ve durulayın. Tamamen soğumaya bırakın ve ardından bir salata kasesine aktarın.

Daha sonra kaseye fasulye, soğan, zeytin, biber, domates ve roka ekleyin.

Tüm pansuman malzemelerini iyice karışana kadar birleştirin. Salatanızı baharatlayın ve soğuk servis yapın. Lütfen!

Chana Chaat Hint Salatası

(Yaklaşık 45 dakikada hazır + soğuma süresi | 4 Kişilik)

Porsiyon başına: Kalori: 604; Yağ: 23.1g; Karbonhidratlar: 80g; Protein: 25.3g

Hammadde

1 kilo kuru nohut, geceden ıslatılmış

2 San Marzano domates, doğranmış

1 İran salatalık, dilimlenmiş

1 doğranmış soğan

1 dolmalık biber, tohumlanmış ve ince dilimlenmiş

1 yeşil biber, tohumlanmış ve ince dilimlenmiş

2 avuç bebek ıspanak

1/2 çay kaşığı Kaşmir biber tozu

4 köri yaprağı, doğranmış

1 yemek kaşığı chaat masala

2 yemek kaşığı taze limon suyu veya tadı

4 yemek kaşığı zeytinyağı

1 çay kaşığı agav şurubu

1/2 çay kaşığı hardal tohumu

1/2 çay kaşığı kişniş tohumu

2 yemek kaşığı susam, hafifçe kızartılmış

2 yemek kaşığı taze kişniş, doğranmış

adresler

Nohutları süzüp geniş bir tencereye alın. Nohutları 2 inç su ile örtün ve kaynatın.

Hemen ocağı kapatın ve yaklaşık 40 dakika pişirmeye devam edin.

Nohutları domates, salatalık, soğan, dolmalık biber, ıspanak, acı biber, köri yaprakları ve chaat masala ile karıştırın.

Küçük bir tabakta limon suyu, zeytinyağı, agav şurubu, hardal tohumu ve kişniş tohumlarını iyice karıştırın.

Susam tohumları ve taze kişniş ile süsleyin. Lütfen!

Tay tempeh şehriye salatası

(Yaklaşık 45 dakikada hazır | 3 Kişilik)

Porsiyon başına: Kalori: 494; Yağ: 14,5 gr; Karbonhidratlar: 75 gr; Protein: 18.7g

Hammadde

6 ons tempeh

4 yemek kaşığı pirinç sirkesi

4 yemek kaşığı soya sosu

2 diş kıyılmış sarımsak

1 küçük misket limonu, taze sıkılmış

5 ons pirinç eriştesi

1 doğranmış havuç

1 arpacık soğan, kıyılmış

3 avuç Çin lahanası, ince dilimlenmiş

3 avuç lahana, parçalar halinde kesilmiş

1 dolmalık biber, tohumlanmış ve ince dilimlenmiş

1 kuş gözü biber, doğranmış

1/4 su bardağı fıstık ezmesi

2 yemek kaşığı agav şurubu

adresler

Seramik bir kaba tempeh, 2 yemek kaşığı pirinç sirkesi, soya sosu, sarımsak ve limon suyunu koyun; yaklaşık 40 dakika pişirin.

Bu arada pirinç eriştelerini paketin üzerindeki tarife göre pişirin. Erişteleri süzün ve bir kaseye koyun.

Havuç, arpacık soğan, lahana, lahana ve dolmalık biberi salata kasesine ekleyin. Fıstık ezmesini, kalan 2 yemek kaşığı pirinç sirkesini ve agav şurubunu ekleyin ve birleştirmek için karıştırın.

Marine edilmiş tempeh ile süsleyin ve hemen servis yapın. Eğlence!

Klasik Brokoli Kreması

(Yaklaşık 35 dakikada hazır | 4 Kişilik)

Porsiyon başına: Kalori: 334; Yağ: 24,5 gr; Karbonhidratlar: 22.5g; Protein: 10.2g

Hammadde

2 yemek kaşığı zeytinyağı

1 pound brokoli

1 doğranmış soğan

1 sap kereviz doğranmış

1 kıyılmış maydanoz

1 çay kaşığı kıyılmış sarımsak

3 su bardağı sebze suyu

1/2 çay kaşığı kuru dereotu

1/2 çay kaşığı kurutulmuş kekik

Tatmak için deniz tuzu ve öğütülmüş karabiber

2 yemek kaşığı keten tohumu unu

1 su bardağı tam yağlı süt

adresler

Zeytinyağını ağır bir tencerede orta-yüksek ateşte ısıtın. Şimdi brokoli, soğan, kereviz ve yaban havucunu düzenli olarak karıştırarak yaklaşık 5 dakika soteleyin.

Sarımsağı ekleyin ve 1 dakika veya kokulu olana kadar pişirmeye devam edin.

Daha sonra sebze suyu, dereotu, kekik, tuz ve karabiberi ekleyin; kaynatın. Isıyı hemen kaynatın ve yaklaşık 20 dakika pişirin.

Çorbayı krema kıvamına gelene ve pürüzsüz olana kadar blenderdan geçirin.

Püre haline gelen karışımı tencereye geri koyun. Keten tohumu unu ve hindistancevizi sütünü karıştırın; yaklaşık 5 dakika boyunca ısıtılana kadar kaynamaya devam edin.

Dört kaseye dökün ve tadını çıkarın!

mercimek ve kuru üzüm ile Fas salatası

(Yaklaşık 20 dakikada hazır + soğuma süresi | 4 Kişilik)

Porsiyon başına: Kalori: 418; Yağ: 15 gr; Karbonhidrat: 62.9g; Protein: 12.4g

Hammadde

1 su bardağı kırmızı mercimek, durulanmış

1 büyük havuç, doğranmış

1 İran salatalık, ince dilimlenmiş

1 adet doğranmış tatlı soğan

1/2 su bardağı altın kuru üzüm

1/4 su bardağı taze nane, kıyılmış

1/4 su bardağı taze fesleğen, doğranmış

1/4 su bardağı sızma zeytinyağı

1/4 su bardağı limon suyu, taze sıkılmış

1 çay kaşığı rendelenmiş limon kabuğu

1/2 çay kaşığı taze zencefil kökü, soyulmuş ve doğranmış

1/2 çay kaşığı granül sarımsak

1 çay kaşığı toz biber

Tatmak için deniz tuzu ve öğütülmüş karabiber

adresler

Büyük bir tencerede 3 su bardağı su ve 1 su bardağı mercimeği kaynatın.

Hemen ısıyı bir kaynamaya düşürün ve mercimekleri 15-17 dakika daha veya yumuşayana kadar ancak henüz duygusal olmayana kadar pişirmeye devam edin. Boşaltın ve tamamen soğumaya bırakın.

Mercimekleri bir salata kasesine aktarın; havuç, salatalık ve tatlı soğanı ekleyin. Daha sonra kuru üzüm, nane ve fesleğeni salataya ekleyin.

Küçük bir kasede zeytinyağı, limon suyu, limon kabuğu rendesi, zencefil, sarımsak, yenibahar, tuz ve karabiberi çırpın.

Salatanızı baharatlayın ve soğuk servis yapın. Lütfen!

Kuşkonmaz ve tavuk salatası

(Yaklaşık 10 dakikada hazır + soğuma süresi | 5 Kişilik)

Porsiyon başına: Kalori: 198; Yağ: 12.9g; Karbonhidratlar: 17.5g; Protein: 5.5g

Hammadde

1 ¼ pound kuşkonmaz, ayıklanmış ve küçük parçalar halinde kesilmiş

5 ons konserve nohut, süzülmüş ve durulanmış

1 chipotle biber, tohumlanmış ve doğranmış

1 İtalyan dolmalık biber, tohumlanmış ve doğranmış

1/4 su bardağı taze fesleğen yaprağı, doğranmış

1/4 su bardağı kıyılmış taze maydanoz yaprağı

2 yemek kaşığı taze nane yaprağı

2 yemek kaşığı kıyılmış taze kişniş

1 çay kaşığı kıyılmış sarımsak

1/4 su bardağı sızma zeytinyağı

1 yemek kaşığı balzamik sirke

1 yemek kaşığı taze limon suyu

2 yemek kaşığı soya sosu

1/4 çay kaşığı öğütülmüş biber

1/4 çay kaşığı öğütülmüş kimyon

Tatmak için deniz tuzu ve taze çekilmiş karabiber

adresler

Kuşkonmazla birlikte büyük bir tencerede tuzlu su kaynatın; 2 dakika pişirin; süzün ve durulayın.

Kuşkonmazı bir salata kasesine aktarın.

Kuşkonmazı nohut, kırmızı biber, otlar, sarımsak, zeytinyağı, sirke, limon suyu, soya sosu ve baharatlarla karıştırın.

Birleştirmek için karıştırın ve hemen servis yapın. Lütfen!

Eski Tarz Yeşil Fasulye Salatası

(Yaklaşık 10 dakikada hazır + soğuma süresi | 4 kişilik)

Porsiyon başına: Kalori: 240; Yağ: 14.1g; Karbonhidratlar: 29g; Protein: 4.4g

Hammadde

1 ½ pound yeşil fasulye, kesilmiş

1/2 su bardağı kıyılmış frenk soğanı

1 çay kaşığı kıyılmış sarımsak

1 İran salatalık, dilimlenmiş

2 bardak üzüm domates, yarıya

1/4 su bardağı zeytinyağı

1 çay kaşığı şarküteri hardalı

2 yemek kaşığı tamari sosu

2 yemek kaşığı limon suyu

1 yemek kaşığı elma sirkesi

1/4 çay kaşığı öğütülmüş kimyon

1/2 çay kaşığı kuru kekik

Tatmak için deniz tuzu ve öğütülmüş karabiber

adresler

Yeşil fasulyeleri büyük bir tencerede tuzlu suda yumuşayana kadar yaklaşık 2 dakika kaynatın.

Fasulyeleri tamamen boşaltın ve soğutun; sonra bir salata kasesine aktarın. Fasulyeleri diğer malzemelerle karıştırın.

Lütfen!

kış bezelye çorbası

(Yaklaşık 25 dakikada hazır | 4 Kişilik)

Porsiyon başına: Kalori: 234; Yağ: 5.5g; Karbonhidratlar: 32.3g; Protein: 14.4g

Hammadde

1 yemek kaşığı zeytinyağı

2 yemek kaşığı doğranmış arpacık

1 dilimlenmiş havuç

1 kıyılmış maydanoz

1 sap kereviz doğranmış

1 çay kaşığı kıyılmış taze sarımsak

4 su bardağı sebze suyu

2 defne yaprağı

1 dal biberiye, doğranmış

16 ons konserve beyaz fasulye

Tatmak için deniz tuzu pulları ve öğütülmüş karabiber

adresler

Zeytinleri ağır bir tencerede orta-yüksek ateşte ısıtın. Şimdi arpacık soğanı, havucu, yaban havucunu ve kerevizi yaklaşık 3 dakika veya sebzeler yumuşayana kadar kızartın.

Sarımsağı ekleyin ve 1 dakika veya aromatik olana kadar pişirmeye devam edin.

Daha sonra sebze suyu, defne yaprağı ve biberiyeyi ilave edip kaynatın. Hemen ısıyı düşük seviyeye indirin ve 10 dakika pişirin.

Beyaz fasulyeleri ekleyin ve iyice ısınana kadar yaklaşık 5 dakika daha kaynamaya devam edin. Tatmak için tuz ve karabiber ekleyin.

Ayrı kaselerde servis yapın, defne yapraklarını atın ve sıcak servis yapın. Lütfen!

İtalyan Cremini Mantar Çorbası

(Yaklaşık 15 dakikada hazır | 3 Kişilik)

Porsiyon başına: Kalori: 154; Yağ: 12.3g; Karbonhidratlar: 9.6g; Protein: 4.4g

Hammadde

3 yemek kaşığı vegan tereyağı

1 sarımsak, kıyılmış

1 kırmızı dolmalık biber, doğranmış

1/2 çay kaşığı preslenmiş sarımsak

3 su bardağı cremini mantar, doğranmış

2 yemek kaşığı badem unu

3 su bardağı su

1 çay kaşığı İtalyan bitki karışımı

Tatmak için deniz tuzu ve öğütülmüş karabiber

1 tepeleme yemek kaşığı kıyılmış taze kişniş

adresler

Vegan tereyağını orta-yüksek ateşte bir tencerede eritin. Sıcakken, soğanı ve dolmalık biberi yumuşayana kadar yaklaşık 3 dakika soteleyin.

Sarımsakları ve cremini mantarlarını ekleyip mantarlar yumuşayıncaya kadar kavurmaya devam edin. Yer bademlerini mantarların üzerine serpiştirin ve yaklaşık 1 dakika pişirmeye devam edin.

Diğer malzemeleri ekleyin. Kapağın altında kaynatın ve sıvı hafifçe koyulaşana kadar 5-6 dakika daha pişirmeye devam edin.

Üç çorba kasesine servis yapın ve taze frenk soğanı ile süsleyin. Lütfen!

otlar ile patates kreması

(Yaklaşık 40 dakikada hazır | 4 Kişilik)

Porsiyon başına: Kalori: 400; Yağ: 9g; Karbonhidratlar: 68.7g; Protein: 13.4g

Hammadde

2 yemek kaşığı zeytinyağı

1 doğranmış soğan

1 sap kereviz doğranmış

4 büyük patates, soyulmuş ve doğranmış

2 diş kıyılmış sarımsak

1 çay kaşığı kıyılmış taze fesleğen

1 çay kaşığı kıyılmış taze maydanoz

1 çay kaşığı kıyılmış taze biberiye

1 defne yaprağı

1 çay kaşığı toz biber

4 su bardağı sebze suyu

Tatmak için tuz ve taze çekilmiş karabiber.

2 yemek kaşığı kıyılmış taze kişniş

adresler

Zeytinyağını ağır bir tencerede orta-yüksek ateşte ısıtın. Sıcakken soğanı, kerevizi ve patatesi düzenli olarak karıştırarak yaklaşık 5 dakika soteleyin.

Sarımsak, fesleğen, maydanoz, biberiye, defne yaprağı ve otları ekleyip 1 dakika veya kokusu çıkana kadar pişirmeye devam edin.

Şimdi sebze suyunu, tuzu ve karabiberi ekleyin ve hızlı bir şekilde kaynatın. Isıyı hemen düşürün ve yaklaşık 30 dakika pişirin.

Çorbayı krema kıvamına gelene ve pürüzsüz olana kadar blenderdan geçirin.

Çorbayı ısıtın ve taze frenk soğanı ile servis yapın. Lütfen!

Kinoa ve avokado salatası

(Yaklaşık 15 dakikada hazır + soğuma süresi | 4 kişilik)

Porsiyon başına: Kalori: 399; Yağ: 24.3g; Karbonhidratlar: 38.5g; Protein: 8.4g

Hammadde

1 su bardağı kinoa, durulanmış

1 doğranmış soğan

1 domates, doğranmış

2 adet közlenmiş biber, şeritler halinde kesilmiş

2 yemek kaşığı kıyılmış maydanoz

2 yemek kaşığı kıyılmış fesleğen

1/4 su bardağı sızma zeytinyağı

2 yemek kaşığı kırmızı şarap sirkesi

2 yemek kaşığı limon suyu

1/4 çay kaşığı acı biber

Baharat için deniz tuzu ve taze çekilmiş karabiber

1 avokado, soyulmuş, özlü ve dilimlenmiş

1 yemek kaşığı kavrulmuş susam

adresler

Su ve kinoayı bir tencereye alıp kaynamaya bırakın. Hemen kaynatın.

Kinoa tüm suyu emene kadar yaklaşık 13 dakika pişirin; Kinoayı bir çatalla kabartın ve tamamen soğumaya bırakın. Daha sonra kinoayı bir kaseye aktarın.

Salata kasesine soğan, domates, közlenmiş biber, maydanoz ve fesleğeni ekleyin. Başka bir küçük kapta zeytinyağı, sirke, limon suyu, acı biber, tuz ve karabiberi çırpın.

Salatayı baharatlayın ve iyice karıştırın. Avokado dilimleri ile süsleyin ve kavrulmuş susam ile süsleyin.

Lütfen!

Tofu ile tabbouleh salatası

(Yaklaşık 20 dakikada hazır + soğuma süresi | 4 Kişilik)

Porsiyon başına: Kalori: 379; Yağ: 18.3g; Karbonhidratlar: 40.7g; Protein: 19.9g

Hammadde

1 su bardağı bulgur unu

2 San Marzano domates, dilimlenmiş

1 İran salatalık, ince dilimlenmiş

2 yemek kaşığı kıyılmış fesleğen

2 yemek kaşığı kıyılmış maydanoz

4 taze soğan, doğranmış

2 su bardağı roka

2 su bardağı bebek ıspanak, doğranmış

4 yemek kaşığı tahin

4 yemek kaşığı limon suyu

1 yemek kaşığı soya sosu

1 çay kaşığı taze sarımsak, preslenmiş

Tatmak için deniz tuzu ve öğütülmüş karabiber

12 ons füme tofu, doğranmış

adresler

Bir tencereye 2 su bardağı su ve bulguru alıp kaynatın. Hemen ateşi kısın ve yaklaşık 20 dakika veya bulgur yumuşayana ve su neredeyse emilene kadar pişirin. Bir çatalla karıştırın ve soğuması için geniş bir tabağa yayın.

Bulguru bir kaseye alın, ardından domates, salatalık, fesleğen, maydanoz, taze soğan, roka ve ıspanağı ekleyin.

Küçük bir kasede tahin, limon suyu, soya sosu, sarımsak, tuz ve karabiberi çırpın. Salatayı baharatlayın ve karıştırın.

Salatayı füme tofu ile süsleyin ve oda sıcaklığında servis yapın. Lütfen!

Bahçe makarna salatası

(Yaklaşık 10 dakikada hazır + soğuma süresi | 4 kişilik)

Porsiyon başına: Kalori: 479; Yağ: 15 gr; Karbonhidratlar: 71.1g; Protein: 14.9g

Hammadde

12 ons rotini makarna

1 küçük soğan, ince kıyılmış

1 su bardağı çeri domates, ikiye bölünmüş

1 doğranmış dolmalık biber

1 jalapeno biber, doğranmış

1 yemek kaşığı kapari, süzülmüş

2 su bardağı iceberg marul, parçalar halinde kesilmiş

2 yemek kaşığı kıyılmış taze maydanoz

2 yemek kaşığı kıyılmış taze kişniş

2 yemek kaşığı kıyılmış taze fesleğen

1/4 su bardağı zeytinyağı

2 yemek kaşığı elma sirkesi

1 çay kaşığı preslenmiş sarımsak

Kaşar tuzu ve karabiber, tatmak için

2 yemek kaşığı besin mayası

2 yemek kaşığı kızarmış ve kıyılmış çam fıstığı

adresler

Paket talimatlarına göre makarna pişirin. Makarnayı süzün ve durulayın. Tamamen soğumaya bırakın ve ardından bir salata kasesine aktarın.

Daha sonra kaseye soğan, domates, biber, kapari, marul, maydanoz, kişniş ve fesleğen ekleyin.

Zeytinyağı, sirke, sarımsak, tuz, karabiber ve besin mayasını birlikte çırpın. Salatayı süsleyin ve kızarmış çam fıstığı ile süsleyin. Lütfen!

geleneksel ukrayna pancar çorbası

(Yaklaşık 40 dakikada hazır | 4 Kişilik)

Porsiyon başına: Kalori: 367; Yağ: 9.3g; Karbonhidratlar: 62.7g; Protein: 12.1g

Hammadde

2 yemek kaşığı susam yağı

1 doğranmış kırmızı soğan

2 adet havuç, ayıklanmış ve dilimlenmiş

2 büyük pancar, soyulmuş ve dilimlenmiş

2 büyük patates, soyulmuş ve doğranmış

4 su bardağı sebze suyu

2 diş kıyılmış sarımsak

1/2 çay kaşığı kimyon tohumu

1/2 çay kaşığı kereviz tohumu

1/2 çay kaşığı rezene tohumu

1 pound kırmızı lahana, kıyılmış

1/2 çay kaşığı taze kırılmış karışık karabiber

Kosher tuzu, tatmak

2 defne yaprağı

2 yemek kaşığı şarap sirkesi

adresler

Susam yağını Hollandalı bir fırında orta ateşte ısıtın. Sıcakken, soğanı yumuşak ve yarı saydam olana kadar yaklaşık 6 dakika soteleyin.

Havuç, pancar ve patatesi ekleyin ve ara ara sebze suyunu ekleyerek 10 dakika daha pişirmeye devam edin.

Ardından sarımsağı, kimyon tohumlarını, kereviz tohumlarını, rezene tohumlarını ekleyin ve 30 saniye daha kavurmaya devam edin.

Lahana, karabiber karışımı, tuz ve defne yapraklarını ekleyin. Et suyunun geri kalanını ekleyin ve kaynatın.

Kaynatmak için hemen ısıyı azaltın ve sebzeler yumuşayana kadar 20-23 dakika daha pişirmeye devam edin.

Bireysel kaselerde servis yapın ve üzerine sirke gezdirin. Servis yapın ve tadını çıkarın!

beluga mercimek salatası

(Yaklaşık 20 dakikada hazır + soğuma süresi | 4 Kişilik)

Porsiyon başına: Kalori: 338; Yağ: 16.3g; Karbonhidratlar: 37.2g; Protein: 13g

Hammadde

1 su bardağı beluga mercimek, durulanmış

1 İran salatalık, dilimlenmiş

1 büyük domates, dilimlenmiş

1 doğranmış kırmızı soğan

1 dolmalık biber, dilimlenmiş

1/4 su bardağı kıyılmış taze fesleğen

1/4 su bardağı kıyılmış taze İtalyan maydanozu

2 ons yeşil zeytin, çekirdeksiz ve dilimlenmiş

1/4 su bardağı zeytinyağı

4 yemek kaşığı limon suyu

1 çay kaşığı şarküteri hardalı

1/2 çay kaşığı kıyılmış sarımsak

1/2 çay kaşığı öğütülmüş kırmızı biber gevreği

Tatmak için deniz tuzu ve öğütülmüş karabiber

adresler

Büyük bir tencerede 3 su bardağı su ve 1 su bardağı mercimeği kaynatın.

Hemen ısıyı bir kaynamaya düşürün ve mercimekleri 15-17 dakika daha veya yumuşayana kadar ancak yumuşayana kadar pişirmeye devam edin. Boşaltın ve tamamen soğumaya bırakın.

Mercimekleri bir salata kasesine aktarın; salatalık, domates, soğan, dolmalık biber, fesleğen, maydanoz ve zeytinleri ekleyin.

Küçük bir kapta zeytinyağı, limon suyu, hardal, sarımsak, pul biber, tuz ve karabiberi karıştırın.

Salatayı baharatlayın, karıştırın ve çok soğuk servis yapın. Lütfen!

Hint Naan Salatası

(Yaklaşık 10 dakikada hazır | 3 Kişilik)

Porsiyon başına: Kalori: 328; Yağ: 17.3g; Karbonhidrat: 36.6 gr; Protein: 6.9g

Hammadde

3 yemek kaşığı susam yağı

1 çay kaşığı zencefil, soyulmuş ve doğranmış

1/2 çay kaşığı kimyon tohumu

1/2 çay kaşığı hardal tohumu

1/2 çay kaşığı karışık karabiber

1 yemek kaşığı köri yaprağı

3 naan ekmeği, küçük parçalara ayrılmış

1 arpacık soğan, kıyılmış

2 domates, doğranmış

tatmak için himalaya tuzu

1 yemek kaşığı soya sosu

adresler

2 yemek kaşığı susam yağını yapışmaz bir tavada orta-yüksek ateşte ısıtın.

Zencefil, kimyon tohumu, hardal tohumu, karışık karabiber ve köri yapraklarını kokuları çıkana kadar yaklaşık 1 dakika kavurun.

Naan ekmeklerini ekleyin ve altın rengi kahverengi olana ve baharatlarla iyice kaplanana kadar düzenli olarak karıştırarak pişirmeye devam edin.

Arpacık soğanları ve domatesleri bir salata kasesine koyun; tuz, soya sosu ve kalan yemek kaşığı susam yağı ile karıştırın.

Tostları salatanın üzerine yerleştirin ve oda sıcaklığında servis yapın. Eğlence!

Yunan Közlenmiş Biber Salatası

(Yaklaşık 10 dakikada hazır | Verim 2)

Porsiyon başına: Kalori: 185; Yağ: 11,5 gr; Karbonhidratlar: 20.6g; Protein: 3.7g

Hammadde

2 kırmızı biber

2 sarı biber

2 diş sarımsak, preslenmiş

4 çay kaşığı sızma zeytinyağı

1 yemek kaşığı kapari, durulanmış ve süzülmüş

2 yemek kaşığı kırmızı şarap sirkesi

Tatmak için deniz tuzu ve karabiber

1 çay kaşığı taze dereotu, kıyılmış

1 çay kaşığı kıyılmış taze kekik

1/4 su bardağı Kalamata zeytin, soyulmuş ve dilimlenmiş

adresler

Biberleri parşömen kağıdı serili fırın tepsisinde yaklaşık 10 dakika, pişirmenin yarısında tavayı çevirerek her tarafı kızarana kadar közleyin.

Ardından biberleri buharlamak için plastik ambalajla örtün. Kabuğu, tohumları ve posayı atın.

Dolmalık biberi şeritler halinde kesin ve bir salata kasesine koyun. Malzemelerin geri kalanını ekleyin ve iyice birleştirmek için karıştırın.

Servis yapmaya hazır olana kadar buzdolabınıza koyun. Lütfen!

Fasulye ve patates çorbası

(Yaklaşık 30 dakikada hazır | 4 Kişilik)

Porsiyon başına: Kalori: 266; Yağ: 7.7g; Karbonhidrat: 41.3g; Protein: 9.3g

Hammadde

2 yemek kaşığı zeytinyağı

1 doğranmış soğan

1 pound patates, soyulmuş ve doğranmış

1 orta boy kereviz sapı, doğranmış

2 diş kıyılmış sarımsak

1 çay kaşığı kırmızı biber

4 su bardağı su

2 yemek kaşığı vegan bulyon tozu

16 ons konserve barbunya fasulyesi, süzülmüş

2 su bardağı bebek ıspanak

Tatmak için deniz tuzu ve öğütülmüş karabiber

adresler

Zeytinleri ağır bir tencerede orta-yüksek ateşte ısıtın. Şimdi soğanı, patatesi ve kerevizi yaklaşık 5 dakika veya soğan yarı saydam ve yumuşayana kadar soteleyin.

Sarımsağı ekleyin ve 1 dakika veya aromatik olana kadar pişirmeye devam edin.

Ardından kırmızı biber, su ve vegan kabartma tozunu ekleyip kaynama noktasına getirin. Hemen ısıyı düşük seviyeye indirin ve 15 dakika pişirin.

Siyah fasulye ve ıspanağı karıştırın; tamamen ısınana kadar yaklaşık 5 dakika kaynamaya devam edin. Tatmak için tuz ve karabiber ekleyin.

Bireysel kaselere dökün ve sıcak servis yapın. Lütfen!

Turşu ile kış kinoa salatası

(Yaklaşık 20 dakikada hazır + soğuma süresi | 4 Kişilik)

Porsiyon başına: Kalori: 346; Yağ: 16.7g; Karbonhidratlar: 42.6g; Protein: 9.3g

Hammadde

1 su bardağı kinoa

4 diş sarımsak, kıyılmış

2 adet doğranmış turşu

10 ons konserve kırmızı dolmalık biber, doğranmış

1/2 su bardağı yeşil zeytin, çekirdeksiz ve dilimlenmiş

2 su bardağı lahana, kıyılmış

2 su bardağı iceberg marul, parçalar halinde kesilmiş

4 adet doğranmış biber turşusu

4 yemek kaşığı zeytinyağı

1 yemek kaşığı limon suyu

1 çay kaşığı limon kabuğu rendesi

1/2 çay kaşığı kurutulmuş mercanköşk

Tatmak için deniz tuzu ve öğütülmüş karabiber

1/4 su bardağı taze frenk soğanı, kaba kıyılmış

adresler

İki su bardağı su ve kinoayı bir tencereye alıp kaynatın. Hemen kaynatın.

Kinoa tüm suyu emene kadar yaklaşık 13 dakika pişirin; Kinoayı bir çatalla kabartın ve tamamen soğumaya bırakın. Daha sonra kinoayı bir kaseye aktarın.

Sarımsak, turşu, biber, zeytin, lahana, lahana ve kırmızı biber turşusunu salata kasesine ekleyin ve birleştirmek için fırlatın.

Kalan malzemeleri karıştırarak küçük bir kapta sosu hazırlayın. Salatayı süsleyin, iyice karıştırın ve hemen servis yapın. Lütfen!

Kavrulmuş Yabani Mantar Çorbası

(Yaklaşık 55 dakikada hazırlanır | 3 Kişilik)

Porsiyon başına: Kalori: 313; Yağ: 23,5 gr; Karbonhidratlar: 14.5g; Protein: 14.5g

Hammadde

3 yemek kaşığı susam yağı

1 pound karışık yabani mantar, dilimlenmiş

1 sarımsak, kıyılmış

3 diş sarımsak, kıyılmış ve bölünmüş

2 dal kekik, doğranmış

2 dal biberiye, doğranmış

1/4 su bardağı keten tohumu küspesi

1/4 su bardağı sek beyaz şarap

3 su bardağı sebze suyu

1/2 çay kaşığı kırmızı biber gevreği

Baharat için sarımsak tuzu ve taze çekilmiş karabiber

adresler

Fırınınızı 395 derece F'ye ısıtarak başlayın.

Yağlı kağıt serili fırın tepsisine mantarları tek sıra olacak şekilde dizin. 1 çorba kaşığı susam yağı ile mantarları gezdirin.

Mantarları önceden ısıtılmış fırında yaklaşık 25 dakika veya yumuşayana kadar kızartın.

Kalan 2 yemek kaşığı susam yağını bir tencerede orta ateşte ısıtın. Ardından soğanı yaklaşık 3 dakika veya yumuşak ve yarı saydam olana kadar soteleyin.

Ardından sarımsak, kekik ve biberiyeyi ekleyip aroması çıkana kadar yaklaşık 1 dakika kavurmaya devam edin. Keten tohumu unu serpin.

Malzemelerin geri kalanını ekleyin ve 10 ila 15 dakika daha veya her şey pişene kadar kaynamaya devam edin.

Kavrulmuş mantarları ekleyin ve 12 dakika daha kaynamaya devam edin. Çorba kaselerine paylaştırın ve sıcak servis yapın. Eğlence!

Akdeniz yeşil fasulye çorbası

(Yaklaşık 25 dakikada hazır | 5 yapar)

Porsiyon başına: Kalori: 313; Yağ: 23,5 gr; Karbonhidratlar: 14.5g; Protein: 14.5g

Hammadde

2 yemek kaşığı zeytinyağı

1 doğranmış soğan

1 kereviz yaprağı, doğranmış

1 dilimlenmiş havuç

2 diş kıyılmış sarımsak

1 doğranmış kabak

5 su bardağı sebze suyu

1 ¼ pound yeşil fasulye, ayıklanmış ve küçük parçalar halinde kesilmiş

2 orta boy domates, ezilmiş

Tatmak için deniz tuzu ve taze çekilmiş karabiber

1/2 çay kaşığı acı biber

1 çay kaşığı kekik

1/2 çay kaşığı kuru dereotu

1/2 bardak Kalamata zeytin, soyulmuş ve dilimlenmiş

adresler

Zeytinleri ağır bir tencerede orta-yüksek ateşte ısıtın. Şimdi soğanı, kerevizi ve havucu yaklaşık 4 dakika veya sebzeler yumuşayana kadar soteleyin.

Sarımsak ve kabak ekleyin ve 1 dakika veya aromatik olana kadar pişirmeye devam edin.

Daha sonra sebze suyu, taze fasulye, domates, tuz, karabiber, kırmızı biber, kekik ve kuru dereotunu ekleyin; kaynatın. Hemen ısıyı düşük seviyeye indirin ve yaklaşık 15 dakika pişirin.

Ayrı kaselere dökün ve dilimlenmiş zeytin ile servis yapın. Lütfen!

havuç kremi

(Yaklaşık 30 dakikada hazır | 4 Kişilik)

Porsiyon başına: Kalori: 333; Yağ: 23g; Karbonhidratlar: 26g; Protein: 8.5g

Hammadde

2 yemek kaşığı susam yağı

1 doğranmış soğan

1 ½ pound havuç, kesilmiş ve doğranmış

1 kıyılmış maydanoz

2 diş kıyılmış sarımsak

1/2 çay kaşığı köri tozu

tatmak için deniz tuzu ve acı biber

4 su bardağı sebze suyu

1 su bardağı taze hindistan cevizi sütü

adresler

Susam yağını ağır bir tencerede orta-yüksek ateşte ısıtın. Şimdi soğanları, havuçları ve yabani havuçları düzenli olarak karıştırarak yaklaşık 5 dakika soteleyin.

Sarımsağı ekleyin ve 1 dakika veya kokulu olana kadar pişirmeye devam edin.

Ardından köri tozu, tuz, kırmızı biber ve sebze suyunu ekleyin; hızlı bir kaynamaya getirin. Isıyı hemen düşürün ve 18 ila 20 dakika pişirin.

Çorbayı krema kıvamına gelene ve pürüzsüz olana kadar blenderdan geçirin.

Püre haline gelen karışımı tencereye geri koyun. Hindistan cevizi sütünü ekleyin ve koyulaşana kadar veya yaklaşık 5 dakika daha kaynamaya devam edin.

Dört kaseye paylaştırın ve sıcak servis yapın. Lütfen!

Nonna'nın İtalyan Pizza Salatası

(Yaklaşık 15 dakikada hazır + soğuma süresi | 4 kişilik)

Porsiyon başına: Kalori: 595; Yağ: 17.2g; Karbonhidratlar: 93g; Protein: 16 gr

Hammadde

1 pound makarna

1 su bardağı marine edilmiş mantar, dilimlenmiş

1 su bardağı üzüm domates, yarıya

4 yemek kaşığı kıyılmış kişniş

1 çay kaşığı kıyılmış sarımsak

1 İtalyan dolmalık biber, dilimlenmiş

1/4 su bardağı sızma zeytinyağı

1/4 su bardağı balzamik sirke

1 çay kaşığı kurutulmuş kekik

1 çay kaşığı kuru fesleğen

1/2 çay kaşığı kurutulmuş biberiye

tatmak için deniz tuzu ve acı biber

1/2 su bardağı siyah zeytin, dilimlenmiş

adresler

Paket talimatlarına göre makarna pişirin. Makarnayı süzün ve durulayın. Tamamen soğumaya bırakın ve ardından bir salata kasesine aktarın.

Sonra kalanını ekleyin ve makarna iyice kaplanana kadar karıştırın.

Tadına bakın ve baharatı ayarlayın; pizza salatasını kullanıma hazır olana kadar buzdolabında saklayın. Lütfen!

Kremalı altın sebze çorbası

(Yaklaşık 45 dakikada hazır | 4 Kişilik)

Porsiyon başına: Kalori: 550; Yağ: 27.2g; Karbonhidratlar: 70.4g; Protein: 13.2g

Hammadde

2 yemek kaşığı avokado yağı

1 doğranmış sarı soğan

2 Yukon Gold patates, soyulmuş ve doğranmış

2 pound fıstık ezmesi, soyulmuş, tohumlanmış ve küp şeklinde

1 yaban havucu, kırpılmış ve dilimlenmiş

1 çay kaşığı zencefil-sarımsak ezmesi

1 çay kaşığı zerdeçal tozu

1 çay kaşığı rezene tohumu

1/2 çay kaşığı toz biber

1/2 çay kaşığı kabak pasta baharatı

Kaşar tuzu ve karabiber, tatmak için

3 su bardağı sebze suyu

1 su bardağı tam yağlı süt

2 yemek kaşığı kabak çekirdeği

adresler

Yağı ağır bir tencerede orta-yüksek ateşte ısıtın. Şimdi soğanları, patatesleri, patatesleri ve yabani havuçları yaklaşık 10 dakika soteleyin ve eşit şekilde pişmesini sağlamak için düzenli olarak karıştırın.

Zencefil ve sarımsak ezmesini ekleyin ve 1 dakika veya aromatik olana kadar kızartmaya devam edin.

Daha sonra zerdeçal tozu, rezene tohumu, pul biber, kabak böreği baharatı, tuz, karabiber ve sebze suyunu ekleyin. kaynatın. Isıyı hemen düşürün ve yaklaşık 25 dakika pişirin.

Çorbayı krema kıvamına gelene ve pürüzsüz olana kadar blenderdan geçirin.

Püre haline gelen karışımı tencereye geri koyun. Hindistan cevizi sütünü ekleyin ve koyulaşana kadar veya yaklaşık 5 dakika daha kaynamaya devam edin.

Ayrı kaselere paylaştırın ve kabak çekirdeği ile süsleyerek servis yapın. Lütfen!

Geleneksel Hint Rajma Dal

(Yaklaşık 20 dakikada hazır | 4 Kişilik)

Porsiyon başına: Kalori: 269; Yağ: 15.2g; Karbonhidratlar: 22.9g; Protein: 7.2g

Hammadde

3 yemek kaşığı susam yağı

1 çay kaşığı kıyılmış zencefil

1 çay kaşığı kimyon tohumu

1 çay kaşığı kişniş tohumu

1 büyük doğranmış soğan

1 sap kereviz doğranmış

1 çay kaşığı kıyılmış sarımsak

1 su bardağı ketçap

1 çay kaşığı garam masala

1/2 çay kaşığı köri tozu

1 küçük çubuk tarçın

1 yeşil biber, tohumlanmış ve doğranmış

2 su bardağı konserve barbunya fasulyesi, süzülmüş

2 su bardağı sebze suyu

Kaşar tuzu ve karabiber, tatmak için

adresler

Susam yağını tencerede orta-yüksek ateşte ısıtın; Şimdi zencefili, kimyon tohumlarını ve kişniş tohumlarını kokulu olana kadar veya yaklaşık 30 saniye kadar kızartın.

Soğanı ve kerevizi ekleyin ve yumuşayana kadar 3 dakika daha pişirmeye devam edin.

Sarımsağı ekleyin ve 1 dakika daha sotelemeye devam edin.

Malzemelerin geri kalanını tencereye ekleyin ve kaynatın. 10 ila 12 dakika veya tamamen pişene kadar pişirmeye devam edin. Sıcak servis yapın ve tadını çıkarın!

kırmızı fasulye salatası

(Yaklaşık 1 saatte hazır + soğuma süresi | 6 Kişilik)

Porsiyon başına: Kalori: 443; Yağ: 19.2g; Karbonhidrat: 52.2g; Protein: 18.1g

Hammadde

3/4 kilo barbunya fasulyesi, geceden ıslatılmış

2 doğranmış biber

1 havuç, kesilmiş ve rendelenmiş

3 ons dondurulmuş veya konserve mısır taneleri, süzülmüş

3 tepeleme yemek kaşığı kıyılmış maydanoz

2 diş kıyılmış sarımsak

1 kırmızı biber, dilimlenmiş

1/2 su bardağı sızma zeytinyağı

2 yemek kaşığı elma sirkesi

2 yemek kaşığı taze limon suyu

Tatmak için deniz tuzu ve öğütülmüş karabiber

2 yemek kaşığı kıyılmış taze kişniş

2 yemek kaşığı kıyılmış taze maydanoz

2 yemek kaşığı kıyılmış taze fesleğen

adresler

Kapalı fasulyeleri tatlı su ile örtün ve kaynatın. Yaklaşık 10 dakika kaynamaya bırakın. Isıyı düşürün ve 50 ila 55 dakika veya yumuşayana kadar pişirmeye devam edin.

Fasulyeleri tamamen soğumaya bırakın ve ardından bir kaseye aktarın.

Malzemelerin geri kalanını ekleyin ve iyice birleştirmek için karıştırın. Lütfen!

Anasazi fasulyesi ve sebze güveç

(Yaklaşık 1 saatte hazır | 3 Kişilik)

Porsiyon başına: Kalori: 444; Yağ: 15.8g; Karbonhidrat: 58.2 gr; Protein: 20.2g

Hammadde

1 su bardağı Anasazi fasulyesi, geceden ıslatılmış ve süzülmüş

3 su bardağı kavrulmuş sebze suyu

1 defne yaprağı

1 dal kekik, doğranmış

1 dal biberiye, doğranmış

3 yemek kaşığı zeytinyağı

1 büyük doğranmış soğan

2 kereviz sapı doğranmış

2 havuç, doğranmış

2 dolmalık biber, çekirdekleri çıkarılmış ve doğranmış

1 yeşil biber, tohumlanmış ve doğranmış

2 diş kıyılmış sarımsak

Tatmak için deniz tuzu ve öğütülmüş karabiber

1 çay kaşığı acı biber

1 çay kaşığı kırmızı biber

adresler

Anasazi fasulyelerini ve et suyunu bir tencerede kaynatın. Kaynattıktan sonra, kaynatmak için ısıyı azaltın. Defne yaprağı, kekik ve biberiye ekleyin; yaklaşık 50 dakika veya yumuşayana kadar pişirin.

Bu arada, kalın tabanlı bir tencerede zeytinyağını orta-yüksek ateşte ısıtın. Şimdi soğanı, kerevizi, havucu ve dolmalık biberi yumuşayana kadar yaklaşık 4 dakika soteleyin.

Sarımsağı ekleyin ve 30 saniye daha veya aromatik olana kadar pişirmeye devam edin.

Haşlanan fasulyelerin üzerine kavrulan karışımı ekleyin. Tuz, karabiber, acı biber ve kırmızı biberle tatlandırın.

Kısık ateşte ara sıra karıştırarak 10 dakika daha veya tamamen pişene kadar pişirmeye devam edin. Lütfen!

Kolay ve iyi shakshuka

(Yaklaşık 50 dakikada hazır | 4 Kişilik)

Porsiyon başına: Kalori: 324; Yağ: 11.2g; Karbonhidrat: 42.2 gr; Protein: 15.8g

Hammadde

2 yemek kaşığı zeytinyağı

1 doğranmış soğan

2 doğranmış biber

1 poblano biber, doğranmış

2 diş kıyılmış sarımsak

2 domates, püresi

Tatmak için deniz tuzu ve karabiber.

1 çay kaşığı kuru fesleğen

1 çay kaşığı pul biber

1 çay kaşığı kırmızı biber

2 defne yaprağı

1 su bardağı nohut, geceden ıslatılmış, durulanmış ve süzülmüş

3 su bardağı sebze suyu

2 yemek kaşığı taze kişniş, doğranmış

adresler

Zeytinyağını bir tencerede orta ateşte ısıtın. Sıcakken soğanı, dolmalık biberi ve sarımsağı yumuşayana ve hoş kokulu olana kadar yaklaşık 4 dakika pişirin.

Domates, salça, deniz tuzu, karabiber, fesleğen, kırmızı biber, kırmızı biber ve defne yaprağını ekleyin.

Kaynatın ve nohut ve sebze suyunu ekleyin. 45 dakika veya yumuşayana kadar pişirin.

Tatlandırın ve baharatı ayarlayın. Shakshuka'yı ayrı kaselere koyun ve taze kişniş ile süsleyerek servis yapın. Lütfen!

eski moda acı biber

(Yaklaşık 1:30'da hazır | 4. Bölüm)

Porsiyon başına: Kalori: 514; Yağ: 16.4g; Karbonhidratlar: 72g; Protein: 25.8g

Hammadde

3/4 kilo barbunya fasulyesi, geceden ıslatılmış

2 yemek kaşığı zeytinyağı

1 doğranmış soğan

2 doğranmış biber

1 doğranmış kırmızı biber

2 kıyılmış kereviz kaburga

2 diş kıyılmış sarımsak

2 defne yaprağı

1 çay kaşığı öğütülmüş kimyon

1 çay kaşığı kıyılmış kekik

1 çay kaşığı karabiber

20 ons ezilmiş domates

2 su bardağı sebze suyu

1 çay kaşığı füme kırmızı biber

deniz tuzu, tatmak

2 yemek kaşığı kıyılmış taze kişniş

1 avokado, kesilmiş, soyulmuş ve dilimlenmiş

adresler

Kapalı fasulyeleri tatlı su ile örtün ve kaynatın. Yaklaşık 10 dakika kaynamaya bırakın. Isıyı düşürün ve 50 ila 55 dakika veya yumuşayana kadar pişirmeye devam edin.

Zeytinyağını kalın tabanlı bir tencerede orta ateşte ısıtın. Sıcakken soğan, dolmalık biber ve kerevizi soteleyin.

Sarımsak, defne yaprağı, kimyon, kekik ve karabiberi yaklaşık 1 dakika soteleyin.

Küp doğranmış domates, sebze suyu, kırmızı biber, tuz ve haşlanmış fasulyeyi ekleyin. Kısık ateşte ara sıra karıştırarak 25 ila 30 dakika veya tamamen pişene kadar pişirin.

Taze kişniş ve avokado ile süsleyerek servis yapın. Lütfen!

Kolay kırmızı mercimek salatası

(Yaklaşık 20 dakikada hazır + soğuma süresi | 3 Kişilik)

Porsiyon başına: Kalori: 295; Yağ: 18.8g; Karbonhidratlar: 25.2g; Protein: 8.5g

Hammadde

1/2 su bardağı geceden ıslatılmış ve süzülmüş kırmızı mercimek

1 ½ su bardağı su

1 dal biberiye

1 defne yaprağı

1 su bardağı üzüm domates, yarıya

1 salatalık, ince dilimlenmiş

1 dolmalık biber, ince dilimlenmiş

1 diş kıyılmış sarımsak

1 soğan, ince kıyılmış

2 yemek kaşığı taze limon suyu

4 yemek kaşığı zeytinyağı

Tatmak için deniz tuzu ve öğütülmüş karabiber

adresler

Kırmızı mercimek, su, biberiye ve defne yapraklarını bir tencereye alıp yüksek ateşte kaynamaya bırakın. Daha sonra ısıyı azaltın ve 20 dakika veya yumuşayana kadar pişirmeye devam edin.

Mercimekleri bir kaseye koyun ve tamamen soğumaya bırakın.

Malzemelerin geri kalanını ekleyin ve iyice birleştirmek için karıştırın. Oda sıcaklığında veya soğuk olarak servis yapın.

Lütfen!

Akdeniz Leblebi Salatası

(Yaklaşık 40 dakikada hazır + soğuma süresi | 4 Kişilik)

Porsiyon başına: Kalori: 468; Yağ: 12,5 gr; Karbonhidratlar: 73 gr; Protein: 21.8g

Hammadde

2 su bardağı geceden ıslatılmış ve süzülmüş nohut

1 İran salatalık, dilimlenmiş

1 su bardağı çeri domates, ikiye bölünmüş

1 kırmızı dolmalık biber, tohumlanmış ve dilimlenmiş

1 yeşil dolmalık biber, tohumlanmış ve dilimlenmiş

1 çay kaşığı şarküteri hardalı

1 çay kaşığı kişniş tohumu

1 çay kaşığı jalapeno biberi, doğranmış

1 yemek kaşığı taze limon suyu

1 yemek kaşığı balzamik sirke

1/4 su bardağı sızma zeytinyağı

Tatmak için deniz tuzu ve öğütülmüş karabiber

2 yemek kaşığı kıyılmış taze kişniş

2 yemek kaşığı Kalamata zeytini, kabaca temizlenmiş ve dilimlenmiş

adresler

Nohutları tencereye koyun; nohutları 2 inç su ile örtün. Kaynamaya bırakın.

Hemen ısıyı kapatın ve yaklaşık 40 dakika veya yumuşayana kadar pişirmeye devam edin.

Nohutları bir salata kasesine aktarın. Malzemelerin geri kalanını ekleyin ve iyice birleştirmek için karıştırın. Lütfen!

Geleneksel Toskana fasulyesi yahnisi (Ribollita)

(Yaklaşık 25 dakikada hazır | 5 yapar)

Porsiyon başına: Kalori: 388; Yağ: 10.3g; Karbonhidratlar: 57.3g; Protein: 19.5g

Hammadde

3 yemek kaşığı zeytinyağı

1 orta boy pırasa doğranmış

1 kereviz yaprağı, doğranmış

1 kabak, doğranmış

1 İtalyan dolmalık biber, dilimlenmiş

3 diş sarımsak, kıyılmış

2 defne yaprağı

Kaşar tuzu ve karabiber, tatmak için

1 çay kaşığı acı biber

1 kutu (28 ons) domates, ezilmiş

2 su bardağı sebze suyu

2 kutu (15 ons) Büyük Kuzey fasulyesi, süzülmüş

2 su bardağı Lacinato lahana, parçalar halinde kesilmiş

1 su bardağı crostini

adresler

Zeytinyağını kalın tabanlı bir tencerede orta ateşte ısıtın. Sıcakken pırasayı, kerevizi, kabağı ve dolmalık biberi yaklaşık 4 dakika soteleyin.

Sarımsak ve defne yapraklarını yaklaşık 1 dakika soteleyin.

Baharat, domates, et suyu ve konserve fasulye ekleyin. Ara sıra karıştırarak yaklaşık 15 dakika veya tamamen pişene kadar pişirin.

Lacinato lahanayı ekleyin ve 4 dakika ara sıra karıştırarak kısık ateşte pişirmeye devam edin.

Crostini ile süslenmiş servis yapın. Lütfen!

Sebze ve beyaz mercimek karışımı

(Yaklaşık 25 dakikada hazır | 5 yapar)

Porsiyon başına: Kalori: 382; Yağ: 9.3g; Karbonhidrat: 59 gr; Protein: 17.2g

Hammadde

3 yemek kaşığı zeytinyağı

1 doğranmış soğan

2 dolmalık biber, çekirdekleri çıkarılmış ve doğranmış

1 havuç, ayıklanmış ve doğranmış

1 yaban havucu, kırpılmış ve doğranmış

1 çay kaşığı kıyılmış zencefil

2 diş kıyılmış sarımsak

Tatmak için deniz tuzu ve öğütülmüş karabiber

1 büyük kabak, doğranmış

1 su bardağı ketçap

1 su bardağı sebze suyu

1 ½ su bardağı beyaz mercimek, geceden ıslatılmış ve süzülmüş

2 su bardağı patates

adresler

Zeytinyağını Hollandalı bir fırında kaynayana kadar ısıtın. Şimdi soğanı, biberi, havucu ve yaban havucunu yumuşayana kadar soteleyin.

Zencefili ve sarımsağı ekleyin ve 30 saniye daha pişirmeye devam edin.

Şimdi tuz, karabiber, kabak, domates sosu, sebze suyu ve mercimek ekleyin; pişene kadar yaklaşık 20 dakika pişirin.

Patates ekleyin; örtün ve 5 dakika daha pişirin. Lütfen!

Meksika Nohutlu Taco Kaseleri

(Yaklaşık 15 dakikada hazır | 4 Kişilik)

Porsiyon başına: Kalori: 409; Yağ: 13,5 gr; Karbonhidrat: 61.3 gr; Protein: 13.8g

Hammadde

2 yemek kaşığı susam yağı

1 doğranmış kırmızı soğan

1 habanero biber, doğranmış

2 diş sarımsak, kıyılmış

2 dolmalık biber, çekirdekleri çıkarılmış ve doğranmış

Deniz tuzu ve öğütülmüş karabiber

1/2 çay kaşığı Meksika kekiği

1 çay kaşığı öğütülmüş kimyon

2 olgun domates, ezilmiş

1 çay kaşığı esmer şeker

16 ons konserve nohut, süzülmüş

4 un ekmeği (8 inç)

2 yemek kaşığı taze kişniş, doğranmış

adresler

Susam yağını büyük bir tavada orta-yüksek ateşte ısıtın. Ardından soğanı 2 ila 3 dakika veya yumuşayana kadar soteleyin.

Kırmızı biber ve sarımsağı ekleyin ve 1 dakika veya kokulu olana kadar pişirmeye devam edin.

Baharatları, domatesleri ve esmer şekeri ekleyip kaynamaya bırakın. Hemen ateşi kısın, konserve nohutları ekleyin ve 8 dakika daha veya tamamen pişene kadar pişirin.

Ekmeğinizi kızartın ve hazırlanan nohut karışımı ile doldurun.

Taze kişniş ile süsleyin ve hemen servis yapın. Lütfen!

Hintli Dal Makhani

(Yaklaşık 20 dakikada hazır | 6 Kişilik)

Porsiyon başına: Kalori: 329; Yağ: 8.5g; Karbonhidratlar: 44.1g; Protein: 16.8g

Hammadde

3 yemek kaşığı susam yağı

1 büyük doğranmış soğan

1 dolmalık biber, tohumlanmış ve doğranmış

2 diş kıyılmış sarımsak

1 yemek kaşığı rendelenmiş zencefil

2 yeşil biber, çekirdekleri çıkarılmış ve doğranmış

1 çay kaşığı kimyon tohumu

1 defne yaprağı

1 çay kaşığı zerdeçal tozu

1/4 çay kaşığı kırmızı biber

1/4 çay kaşığı öğütülmüş biber

1/2 çay kaşığı garam masala

1 su bardağı ketçap

4 su bardağı sebze suyu

1 ½ su bardağı siyah mercimek, geceden ıslatılmış ve süzülmüş

Süslemek için 4-5 yaprak köri

adresler

Susam yağını tencerede orta-yüksek ateşte ısıtın; Şimdi soğanı ve dolmalık biberi yumuşayana kadar 3 dakika daha soteleyin.

Sarımsak, zencefil, yeşil biber, kimyon tohumu ve defne yaprağını ekleyin; 1 dakika veya kokulu olana kadar sık sık karıştırarak pişirmeye devam edin.

Köri yaprakları hariç diğer malzemeleri ekleyin. Şimdi ısıyı kaynatın. 15 dakika daha veya tamamen pişene kadar pişirmeye devam edin.

Köri yapraklarıyla süsleyin ve sıcak servis yapın!

Meksika Fasulyesi Güveç

(Yaklaşık 1 saatte hazır + soğuma süresi | 6 Kişilik)

Porsiyon başına: Kalori: 465; Yağ: 17.9g; Karbonhidratlar: 60.4g; Protein: 20.2g

Hammadde

1 pound barbunya, geceden ıslatılmış ve süzülmüş

1 su bardağı konserve mısır taneleri, süzülmüş

2 közlenmiş biber, dilimlenmiş

1 biber, ince kıyılmış

1 su bardağı çeri domates, ikiye bölünmüş

1 doğranmış kırmızı soğan

1/4 su bardağı taze kişniş, doğranmış

1/4 su bardağı kıyılmış taze maydanoz

1 çay kaşığı Meksika kekiği

1/4 su bardağı kırmızı şarap sirkesi

2 yemek kaşığı taze limon suyu

1/3 su bardağı sızma zeytinyağı

Tatmak için deniz tuzu ve öğütülmüş kara tuz

1 avokado, soyulmuş, özlü ve dilimlenmiş

adresler

Kapalı fasulyeleri tatlı su ile örtün ve kaynatın. Yaklaşık 10 dakika kaynamaya bırakın. Isıyı düşürün ve 50 ila 55 dakika veya yumuşayana kadar pişirmeye devam edin.

Fasulyeleri tamamen soğumaya bırakın ve ardından bir kaseye aktarın.

Malzemelerin geri kalanını ekleyin ve iyice birleştirmek için karıştırın. Oda sıcaklığında servis yapın.

Lütfen!

klasik İtalyan sebzeli çorba

(Yaklaşık 30 dakikada hazır | 5 Kişilik)

Porsiyon başına: Kalori: 305; Yağ: 8.6g; Karbonhidrat: 45.1g; Protein: 14.2g

Hammadde

2 yemek kaşığı zeytinyağı

1 büyük soğan, doğranmış

2 havuç, dilimlenmiş

4 diş sarımsak, kıyılmış

1 su bardağı dirsek böreği

5 su bardağı sebze suyu

1 kutu (15 ons) beyaz fasulye, süzülmüş

1 büyük kabak, doğranmış

1 kutu (28 ons) domates, ezilmiş

1 yemek kaşığı doğranmış taze kekik yaprağı

1 yemek kaşığı taze fesleğen yaprağı, doğranmış

1 yemek kaşığı kıyılmış taze İtalyan maydanozu

adresler

Zeytinyağını Hollandalı bir fırında kaynayana kadar ısıtın. Şimdi soğanları ve havuçları yumuşayana kadar soteleyin.

Sarımsak, çiğ makarna ve et suyu ekleyin; yaklaşık 15 dakika kaynatın.

Fasulye, kabak, domates ve otları ekleyin. Her şey pişene kadar yaklaşık 10 dakika üzeri kapalı olarak pişirmeye devam edin.

İstenirse, bazı ek bitkilerle süsleyin. Lütfen!

Yeşil sebzeli yeşil mercimek yahnisi

(Yaklaşık 30 dakikada hazır | 5 Kişilik)

Porsiyon başına: Kalori: 415; Yağ: 6.6g; Karbonhidratlar: 71 gr; Protein: 18.4g

Hammadde

2 yemek kaşığı zeytinyağı

1 doğranmış soğan

2 tatlı patates, soyulmuş ve doğranmış

1 doğranmış dolmalık biber

2 havuç, doğranmış

1 kıyılmış maydanoz

1 doğranmış kereviz

2 diş sarımsak

1 ½ su bardağı yeşil mercimek

1 yemek kaşığı İtalyan bitki karışımı

1 su bardağı ketçap

5 su bardağı sebze suyu

1 su bardağı donmuş mısır

1 su bardağı sebze, parçalar halinde kesilmiş

adresler

Zeytinyağını Hollandalı bir fırında kaynayana kadar ısıtın. Şimdi soğanları, tatlı patatesleri, biberleri, havuçları, yabani havuçları ve kerevizi yumuşayana kadar kızartın.

Sarımsağı ekleyin ve 30 saniye daha kızartmaya devam edin.

Şimdi yeşil mercimekleri, İtalyan bitki karışımını, ketçapı ve sebze suyunu ekleyin; pişene kadar yaklaşık 20 dakika pişirin.

Mısır ve donmuş sebzeleri ekleyin; örtün ve 5 dakika daha pişirin. Lütfen!

Nohut ile karışık sebzeler

(Yaklaşık 30 dakikada hazır | 4 Kişilik)

Porsiyon başına: Kalori: 369; Yağ: 18.1g; Karbonhidratlar: 43.5g; Protein: 13.2g

Hammadde

2 yemek kaşığı zeytinyağı

1 ince doğranmış soğan

1 doğranmış dolmalık biber

1 rezene ampulü, doğranmış

3 diş kıyılmış sarımsak

2 olgun domates, ezilmiş

2 yemek kaşığı kıyılmış taze maydanoz

2 yemek kaşığı taze fesleğen, kıyılmış

2 yemek kaşığı taze kişniş, doğranmış

2 su bardağı sebze suyu

14 ons konserve nohut, süzülmüş

Kaşar tuzu ve karabiber, tatmak için

1/2 çay kaşığı acı biber

1 çay kaşığı kırmızı biber

1 avokado, soyulmuş ve dilimlenmiş

adresler

Zeytinyağını kalın tabanlı bir tencerede orta ateşte ısıtın. Sıcakken soğan, dolmalık biber ve rezeneyi yaklaşık 4 dakika soteleyin.

Sarımsağı yaklaşık 1 dakika veya aromatik olana kadar soteleyin.

Domates, taze otlar, et suyu, nohut, tuz, karabiber, kırmızı biber ve kırmızı biberi ekleyin. Ara sıra karıştırarak yaklaşık 20 dakika veya tamamen pişene kadar pişirin.

Tatlandırın ve baharatı ayarlayın. Taze avokado dilimleri ile süsleyerek servis yapın. Lütfen!

baharatlı fasulye sosu

(Yaklaşık 30 dakikada hazır | 10 kişilik)

Porsiyon başına: Kalori: 175; Yağ: 4.7g; Karbonhidrat: 24.9g; Protein: 8.8g

Hammadde

2 kutu (15 ons) Büyük Kuzey fasulyesi, süzülmüş

2 yemek kaşığı zeytinyağı

2 yemek kaşığı Sriracha sosu

2 yemek kaşığı besin mayası

4 ons vegan krem peynir

1/2 çay kaşığı kırmızı biber

1/2 çay kaşığı acı biber

1/2 çay kaşığı öğütülmüş kimyon

Tatmak için deniz tuzu ve öğütülmüş karabiber

4 ons tortilla cipsi

adresler

Fırınınızı 360 derece F'ye ısıtarak başlayın.

Tortilla cipsleri dışındaki tüm malzemeleri, istenen kıvama gelene kadar bir mutfak robotunda karıştırın.

Sosunuzu önceden ısıtılmış fırında yaklaşık 25 dakika veya üzeri kızarana kadar pişirin.

Tortilla cipsleri ile servis yapın ve tadını çıkarın!

Çin soya salatası

(Yaklaşık 10 dakikada hazır | 4 Kişilik)

Porsiyon başına: Kalori: 265; Yağ: 13.7g; Karbonhidratlar: 21 gr; Protein: 18g

Hammadde

1 kutu (15 ons) soya fasulyesi, süzülmüş

1 su bardağı roka

1 su bardağı bebek ıspanak

1 su bardağı lahana, kıyılmış

1 soğan, ince kıyılmış

1/2 çay kaşığı kıyılmış sarımsak

1 çay kaşığı kıyılmış zencefil

1/2 çay kaşığı şarküteri hardalı

2 yemek kaşığı soya sosu

1 yemek kaşığı pirinç sirkesi

1 yemek kaşığı limon suyu

2 yemek kaşığı tahin

1 çay kaşığı agav şurubu

adresler

Soya fasulyesi, roka, ıspanak, lahana ve soğanı bir salata kasesine koyun; birleştirmek için karıştırın.

Küçük bir karıştırma kabında, kalan sos malzemelerini birlikte çırpın.

Salatayı süsleyin ve hemen servis yapın. Lütfen!

Eski moda mercimek ve sebze suyu

(Yaklaşık 25 dakikada hazır | 5 yapar)

Porsiyon başına: Kalori: 475; Yağ: 17.3g; Karbonhidrat: 61.4g; Protein: 23.7g

Hammadde

3 yemek kaşığı zeytinyağı

1 büyük doğranmış soğan

1 dilimlenmiş havuç

1 dolmalık biber, doğranmış

1 habanero biber, doğranmış

3 diş kıyılmış sarımsak

Kaşar tuzu ve karabiber, tatmak için

1 çay kaşığı öğütülmüş kimyon

1 çay kaşığı füme kırmızı biber

1 kutu (28 ons) domates, ezilmiş

2 yemek kaşığı domates sosu

4 su bardağı sebze suyu

3/4 pound kurutulmuş kırmızı mercimek, geceden ıslatılmış ve süzülmüş

1 dilim avokado

adresler

Zeytinyağını kalın tabanlı bir tencerede orta ateşte ısıtın. Sıcakken soğan, havuç ve biberi yaklaşık 4 dakika soteleyin.

Sarımsağı yaklaşık 1 dakika soteleyin.

Baharat, domates, ketçap, et suyu ve konserve mercimek ekleyin. Ara sıra karıştırarak yaklaşık 20 dakika veya tamamen pişene kadar pişirin.

Dilimlenmiş avokado ile süsleyerek servis yapın. Lütfen!

Hint chana masala

(Yaklaşık 15 dakikada hazır | 4 Kişilik)

Porsiyon başına: Kalori: 305; Yağ: 17.1g; Karbonhidrat: 30.1g; Protein: 9.4g

Hammadde

1 su bardağı rendelenmiş domates

1 Kaşmir biberi, doğranmış

1 büyük arpacık soğan, doğranmış

1 çay kaşığı taze zencefil, soyulmuş ve rendelenmiş

4 yemek kaşığı zeytinyağı

2 diş kıyılmış sarımsak

1 çay kaşığı kişniş tohumu

1 çay kaşığı garam masala

1/2 çay kaşığı zerdeçal tozu

Tatmak için deniz tuzu ve öğütülmüş karabiber

1/2 su bardağı sebze suyu

16 ons konserve nohut

1 yemek kaşığı taze limon suyu

adresler

Domatesleri, Kaşmir biberini, arpacık soğanı ve zencefili bir blender veya mutfak robotunda püre haline getirin.

Zeytinyağını bir tencerede orta ateşte ısıtın. Sıcakken hazırlanan makarnayı ve sarımsağı yaklaşık 2 dakika pişirin.

Kalan baharatları, et suyunu ve nohudu ekleyin. Ateşi kısın. 8 dakika daha veya tamamen pişene kadar kaynamaya devam edin.

ateşten çıkarın. Her porsiyon üzerine taze limon suyu gezdirin. Lütfen!

kırmızı fasulye ezmesi

(Yaklaşık 10 dakikada hazır | 8 Kişilik)

Porsiyon başına: Kalori: 135; Yağ: 12.1g; Karbonhidratlar: 4.4g; Protein: 1.6g

Hammadde

2 yemek kaşığı zeytinyağı

1 doğranmış soğan

1 doğranmış dolmalık biber

2 diş kıyılmış sarımsak

2 su bardağı barbunya fasulyesi, pişmiş ve süzülmüş

1/4 su bardağı zeytinyağı

1 çay kaşığı taş öğütülmüş hardal

2 yemek kaşığı kıyılmış taze maydanoz

2 yemek kaşığı kıyılmış taze fesleğen

Tatmak için deniz tuzu ve öğütülmüş karabiber

adresler

Zeytinyağını orta-yüksek ateşte bir tencerede ısıtın. Şimdi soğanı, dolmalık biberi ve sarımsağı yumuşayana kadar veya yaklaşık 3 dakika soteleyin.

Karıştırıcınıza tavada kızartılmış karışımı ekleyin; Kalan malzemeleri ekleyin. Malzemeleri bir blender veya mutfak robotunda pürüzsüz ve kremsi olana kadar püre haline getirin.

Lütfen!

bir kase kahverengi mercimek

(Yaklaşık 20 dakikada hazır + soğuma süresi | 4 Kişilik)

Porsiyon başına: Kalori: 452; Yağ: 16.6g; Karbonhidratlar: 61.7g; Protein: 16.4g

Hammadde

1 su bardağı geceden ıslatılmış ve süzülmüş kahverengi mercimek

3 su bardağı su

2 su bardağı pişmiş kahverengi pirinç

1 kabak, doğranmış

1 doğranmış kırmızı soğan

1 çay kaşığı kıyılmış sarımsak

1 dilim salatalık

1 dolmalık biber, dilimlenmiş

4 yemek kaşığı zeytinyağı

1 yemek kaşığı pirinç sirkesi

2 yemek kaşığı limon suyu

2 yemek kaşığı soya sosu

1/2 çay kaşığı kurutulmuş kekik

1/2 çay kaşığı öğütülmüş kimyon

Tatmak için deniz tuzu ve öğütülmüş karabiber

2 su bardağı roka

2 su bardağı marul, parçalar halinde kesilmiş

adresler

Bir tencereye kahverengi mercimek ve su ekleyin ve yüksek ateşte kaynatın. Daha sonra ısıyı azaltın ve 20 dakika veya yumuşayana kadar pişirmeye devam edin.

Mercimekleri bir kaseye koyun ve tamamen soğumaya bırakın.

Malzemelerin geri kalanını ekleyin ve iyice birleştirmek için karıştırın. Oda sıcaklığında veya soğuk olarak servis yapın. Lütfen!

Sıcak ve Baharatlı Anasazi Fasulye Çorbası

(Yaklaşık 1 saat 10 dakikada hazır | 5. Bölüm)

Porsiyon başına: Kalori: 352; Yağ: 8.5g; Karbonhidratlar: 50.1g; Protein: 19.7g

Hammadde

2 bardak Anasazi fasulyesi, geceden ıslatılmış, süzülmüş ve durulanmış

8 bardak su

2 defne yaprağı

3 yemek kaşığı zeytinyağı

2 orta boy soğan, doğranmış

2 doğranmış biber

1 habanero biber, doğranmış

3 diş sarımsak, preslenmiş veya kıyılmış

Tatmak için deniz tuzu ve öğütülmüş karabiber

adresler

Bir tencerede Anasazi fasulyelerini ve suyu kaynatın. Kaynattıktan sonra, kaynatmak için ısıyı azaltın. Defne yapraklarını ekleyin ve yaklaşık 1 saat veya yumuşayana kadar pişirin.

Bu arada, kalın tabanlı bir tencerede zeytinyağını orta-yüksek ateşte ısıtın. Şimdi soğanı, dolmalık biberi ve sarımsağı yumuşayana kadar yaklaşık 4 dakika soteleyin.

Haşlanan fasulyelerin üzerine kavrulan karışımı ekleyin. Tuz ve karabiberle tatlandırın.

Kısık ateşte ara sıra karıştırarak 10 dakika daha veya tamamen pişene kadar pişirmeye devam edin. Lütfen!

Kara Gözlü Salata (Ñebbe)

(Yaklaşık 1 saatte hazır | 5 Kişilik)

Porsiyon başına: Kalori: 471; Yağ: 17,5 gr; Karbonhidratlar: 61.5g; Protein: 20.6g

Hammadde

2 su bardağı kuru börülce, geceden ıslatılmış ve süzülmüş

2 yemek kaşığı kıyılmış fesleğen yaprağı

2 yemek kaşığı kıyılmış maydanoz yaprağı

1 arpacık soğan, kıyılmış

1 dilim salatalık

2 dolmalık biber, çekirdekleri çıkarılmış ve doğranmış

1 Scotch Bonnet biberi, çekirdekleri çıkarılmış ve ince kıyılmış

1 su bardağı çeri domates, dörde bölünmüş

Tatmak için deniz tuzu ve öğütülmüş karabiber

2 yemek kaşığı taze limon suyu

1 yemek kaşığı elma sirkesi

1/4 su bardağı sızma zeytinyağı

1 avokado, soyulmuş, özlü ve dilimlenmiş

adresler

Börülceleri 2 inç su ile örtün ve hafifçe kaynatın. Yaklaşık 15 dakika kaynamaya bırakın.

Ardından yaklaşık 45 dakika kısık ateşte koyun. Tamamen soğumaya bırakın.

Börülceleri bir kaba alın. Fesleğen, maydanoz, arpacık soğan, salatalık, dolmalık biber, çeri domates, tuz ve karabiberi ekleyin.

Bir kapta limon suyu, sirke ve zeytinyağını çırpın.

Salatayı süsleyin, taze avokado ile süsleyin ve hemen servis yapın. Lütfen!

Chili Mom şöhreti

(Yaklaşık 1:30'da hazır | 5. Bölüm)

Porsiyon başına: Kalori: 455; Yağ: 10.5g; Karbonhidrat: 68.6 gr; Protein: 24.7g

Hammadde

1 pound kırmızı siyah fasulye, geceden ıslatılmış ve süzülmüş

3 yemek kaşığı zeytinyağı

1 büyük kırmızı soğan, doğranmış

2 biber, doğranmış

1 poblano biber, doğranmış

1 büyük havuç, ayıklanmış ve doğranmış

2 diş kıyılmış sarımsak

2 defne yaprağı

1 çay kaşığı karışık karabiber

Kosher tuzu ve acı biber, tatmak için

1 yemek kaşığı kırmızı biber

2 olgun domates, ezilmiş

2 yemek kaşığı domates sosu

3 su bardağı sebze suyu

adresler

Kapalı fasulyeleri tatlı su ile örtün ve kaynatın. Yaklaşık 10 dakika kaynamaya bırakın. Isıyı düşürün ve 50 ila 55 dakika veya yumuşayana kadar pişirmeye devam edin.

Zeytinyağını kalın tabanlı bir tencerede orta ateşte ısıtın. Sıcakken soğan, biber ve havucu soteleyin.

Sarımsağı yaklaşık 30 saniye veya aromatik olana kadar kızartın.

Pişen fasulyelere kalan malzemeleri ekleyin. Kısık ateşte ara sıra karıştırarak 25 ila 30 dakika veya tamamen pişene kadar pişirin.

Defne yapraklarını ayıklayın, ayrı kaselere koyun ve sıcak servis yapın.

Çam fıstığı ile tavuk fasulye salatası

(Yaklaşık 10 dakikada hazır | 4 Kişilik)

Porsiyon başına: Kalori: 386; Yağ: 22,5 gr; Karbonhidratlar: 37.2g; Protein: 12.9g

Hammadde

16 ons konserve nohut, süzülmüş

1 çay kaşığı kıyılmış sarımsak

1 arpacık soğan, kıyılmış

1 su bardağı çeri domates, ikiye bölünmüş

1 dolmalık biber, tohumlanmış ve dilimlenmiş

1/4 su bardağı kıyılmış taze fesleğen

1/4 su bardağı kıyılmış taze maydanoz

1/2 su bardağı vegan mayonez

1 yemek kaşığı limon suyu

1 çay kaşığı kapari, süzülmüş

Tatmak için deniz tuzu ve öğütülmüş karabiber

2 ons çam fıstığı

adresler

Nohutları, sebzeleri ve otları bir salata kasesine koyun.

Mayonez, limon suyu, kapari, tuz ve karabiber ekleyin. Birleştirmek için karıştırın.

Çam fıstığı ile süsleyin ve hemen servis yapın. Lütfen!

Buda kase siyah fasulye

(Yaklaşık 1 saatte hazır | 4 kişilik)

Porsiyon başına: Kalori: 365; Yağ: 14.1g; Karbonhidrat: 45.6 gr; Protein: 15.5g

Hammadde

1/2 pound siyah fasulye, geceden ıslatılmış ve süzülmüş

2 su bardağı pişmiş kahverengi pirinç

1 orta boy soğan, ince dilimlenmiş

1 su bardağı kırmızı biber, tohumlanmış ve dilimlenmiş

1 jalapeno biber, çekirdekleri çıkarılmış ve dilimlenmiş

2 diş kıyılmış sarımsak

1 su bardağı roka

1 su bardağı bebek ıspanak

1 çay kaşığı limon kabuğu rendesi

1 yemek kaşığı Dijon hardalı

1/4 su bardağı kırmızı şarap sirkesi

1/4 su bardağı sızma zeytinyağı

2 yemek kaşığı agav şurubu

Tatmak için deniz tuzu pulları ve öğütülmüş karabiber

1/4 su bardağı kıyılmış taze İtalyan maydanozu

adresler

Kapalı fasulyeleri tatlı su ile örtün ve kaynatın. Yaklaşık 10 dakika kaynamaya bırakın. Isıyı düşürün ve 50 ila 55 dakika veya yumuşayana kadar pişirmeye devam edin.

Servis yapmak için fasulyeleri ve pirinci kaselere paylaştırın; sebzelerle süsleyin.

Limon kabuğu rendesi, hardal, sirke, zeytinyağı, agav şurubu, tuz ve karabiberi küçük bir kasede iyice karışana kadar birleştirin. Sosu salatanın üzerine dökün.

Taze İtalyan maydanozuyla süsleyin. Lütfen!

Orta Doğu Tavuk Bona

(Yaklaşık 20 dakikada hazır | 4 Kişilik)

Porsiyon başına: Kalori: 305; Yağ: 11.2g; Karbonhidratlar: 38.6g; Protein: 12.7g

Hammadde

1 doğranmış soğan

1 doğranmış biber

2 diş kıyılmış sarımsak

1 çay kaşığı hardal tohumu

1 çay kaşığı kişniş tohumu

1 defne yaprağı

1/2 su bardağı domates salçası

2 yemek kaşığı zeytinyağı

1 kereviz yaprağı, doğranmış

2 orta boy havuç, ayıklanmış ve doğranmış

2 su bardağı sebze suyu

1 çay kaşığı öğütülmüş kimyon

1 küçük çubuk tarçın

16 ons konserve nohut, süzülmüş

2 su bardağı İsviçre pazı, parçalar halinde kesilmiş

adresler

Soğan, kırmızı biber, sarımsak, hardal tohumu, kişniş tohumu, defne yaprağı ve domates salçasını bir blender veya mutfak robotunda pürüzsüz olana kadar karıştırın.

Zeytinyağını bir tencerede yumuşayana kadar ısıtın. Şimdi kerevizi ve havuçları yaklaşık 3 dakika veya yumuşayana kadar pişirin. Makarnayı ekleyin ve 2 dakika daha pişirmeye devam edin.

Daha sonra sebze suyu, kimyon, tarçın ve nohudu ekleyin; kısık ateşte koyun.

Isıyı düşürün ve 6 dakika pişirin; Pazıyı ilave edin ve 4-5 dakika daha veya yapraklar soluncaya kadar pişirmeye devam edin. Sıcak servis yapın ve tadını çıkarın!

Mercimek ve domates sosu

(Yaklaşık 10 dakikada hazır | 8 Kişilik)

Porsiyon başına: Kalori: 144; Yağ: 4.5g; Karbonhidratlar: 20.2g; Protein: 8.1g

Hammadde

16 ons mercimek, pişmiş ve süzülmüş

4 yemek kaşığı güneşte kurutulmuş domates, doğranmış

1 su bardağı domates salçası

4 yemek kaşığı tahin

1 çay kaşığı taş öğütülmüş hardal

1 çay kaşığı öğütülmüş kimyon

1/4 çay kaşığı öğütülmüş defne yaprağı

1 çay kaşığı pul biber

Tatmak için deniz tuzu ve öğütülmüş karabiber

adresler

İstenilen kıvam elde edilene kadar tüm malzemeleri bir karıştırıcıda veya mutfak robotunda karıştırın.

Servis yapmaya hazır olana kadar buzdolabınıza koyun.

Izgara pide dilimleri veya sebze çubukları ile servis yapın. Eğlence!

Kremalı bezelye salatası

(Yaklaşık 10 dakikada hazırlanır + soğuma süresi | 6 kişilik)

Porsiyon başına: Kalori: 154; Yağ: 6.7g; Karbonhidratlar: 17.3g; Protein: 6.9g

Hammadde

2 kutu (14.5 ons) yeşil fasulye, süzülmüş

1/2 su bardağı vegan mayonez

1 çay kaşığı Dijon hardalı

2 yemek kaşığı kıyılmış kişniş

2 adet doğranmış turşu

1/2 su bardağı marine edilmiş mantar, doğranmış ve süzülmüş

1/2 çay kaşığı kıyılmış sarımsak

Tatmak için deniz tuzu ve öğütülmüş karabiber

adresler

Tüm malzemeleri bir salata kasesine koyun. Birleştirmek için hafifçe karıştırın.

Salatayı servise hazır olana kadar buzdolabınıza koyun.

Lütfen!

Orta Doğu Za'atar Humus

(Yaklaşık 10 dakikada hazır | 8 Kişilik)

Porsiyon başına: Kalori: 140; Yağ: 8.5g; Karbonhidratlar: 12.4g; Protein: 4.6g

Hammadde

10 ons nohut, pişmiş ve süzülmüş

1/4 su bardağı tahin

2 yemek kaşığı sızma zeytinyağı

2 yemek kaşığı güneşte kurutulmuş domates, doğranmış

1 taze sıkılmış limon

2 diş kıyılmış sarımsak

Kaşar tuzu ve karabiber, tatmak için

1/2 çay kaşığı füme kırmızı biber

1 çay kaşığı za'atar

adresler

Tüm malzemeleri bir mutfak robotunda kremsi ve pürüzsüz olana kadar karıştırın.

Servis yapmaya hazır olana kadar buzdolabınıza koyun.

Lütfen!

Çam fıstıklı mercimek salatası

(Yaklaşık 20 dakikada hazır + soğuma süresi | 3 Kişilik)

Porsiyon başına: Kalori: 332; Yağ: 19.7g; Karbonhidratlar: 28.2g; Protein: 12.2g

Hammadde

1/2 su bardağı kahverengi mercimek

1 ½ su bardağı sebze suyu

1 havuç, doğranmış

1 küçük doğranmış soğan

1 dilim salatalık

2 diş kıyılmış sarımsak

3 yemek kaşığı sızma zeytinyağı

1 yemek kaşığı kırmızı şarap sirkesi

2 yemek kaşığı limon suyu

2 yemek kaşığı kıyılmış fesleğen

2 yemek kaşığı kıyılmış maydanoz

2 yemek kaşığı kıyılmış kişniş

Tatmak için deniz tuzu ve öğütülmüş karabiber

2 yemek kaşığı çam fıstığı, kıyılmış

adresler

Kahverengi mercimeği ve sebze suyunu bir tencereye ekleyin ve yüksek ateşte kaynatın. Daha sonra ısıyı azaltın ve 20 dakika veya yumuşayana kadar pişirmeye devam edin.

Mercimekleri bir kaseye koyun.

Sebzeleri ekleyin ve iyice birleştirmek için karıştırın. Bir kasede yağ, sirke, limon suyu, fesleğen, maydanoz, frenk soğanı, tuz ve karabiberi çırpın.

Salatayı baharatlayın, çam fıstığı ile süsleyin ve oda sıcaklığında servis yapın. Lütfen!

Sıcak Anasazi Fasulye Salatası

(Yaklaşık 1 saatte hazır | 5 Kişilik)

Porsiyon başına: Kalori: 482; Yağ: 23.1g; Karbonhidratlar: 54.2g; Protein: 17.2g

Hammadde

2 bardak Anasazi fasulyesi, geceden ıslatılmış, süzülmüş ve durulanmış

6 su bardağı su

1 poblano biber, doğranmış

1 doğranmış soğan

1 su bardağı çeri domates, ikiye bölünmüş

2 su bardağı karışık salata, doğranmış

Bandaj:

1 çay kaşığı kıyılmış sarımsak

1/2 su bardağı sızma zeytinyağı

1 yemek kaşığı limon suyu

2 yemek kaşığı kırmızı şarap sirkesi

1 yemek kaşığı taş öğütülmüş hardal

1 yemek kaşığı soya sosu

1/2 çay kaşığı kurutulmuş kekik

1/2 çay kaşığı kuru fesleğen

Tatmak için deniz tuzu ve öğütülmüş karabiber

adresler

Bir tencerede Anasazi fasulyelerini ve suyu kaynatın. Kaynarken, ısıyı düşük seviyeye indirin ve yaklaşık 1 saat veya yumuşayana kadar pişirin.

Haşlanmış fasulyeleri süzün ve bir salata kasesine koyun; diğer salatayı ekleyin.

Ardından, küçük bir kapta, iyice karışana kadar tüm pansumanı birlikte çırpın. Salatayı baharatlayın ve karıştırın. Oda sıcaklığında servis yapın ve tadını çıkarın!

Geleneksel Mnazaleh Yahnisi

(Yaklaşık 25 dakikada hazır | 4 Kişilik)

Porsiyon başına: Kalori: 439; Yağ: 24 gr; Karbonhidrat: 44.9g; Protein: 13.5g

Hammadde

4 yemek kaşığı zeytinyağı

1 doğranmış soğan

1 büyük patlıcan, soyulmuş ve doğranmış

1 su bardağı doğranmış havuç

2 diş kıyılmış sarımsak

2 büyük domates, ezilmiş

1 tatlı kaşığı acı baharat

2 su bardağı sebze suyu

14 ons konserve nohut, süzülmüş

Kaşar tuzu ve karabiber, tatmak için

1 orta boy avokado, kesilmiş, soyulmuş ve doğranmış

adresler

Zeytinyağını kalın tabanlı bir tencerede orta ateşte ısıtın. Sıcakken soğan, patlıcan ve havuçları yaklaşık 4 dakika soteleyin.

Sarımsağı yaklaşık 1 dakika veya aromatik olana kadar soteleyin.

Domates, Baharat baharatı, et suyu ve leblebi konservesini ekleyin. Ara sıra karıştırarak yaklaşık 20 dakika veya tamamen pişene kadar pişirin.

Tuz ve karabiber serpin. Taze avokado dilimleri ile süsleyerek servis yapın. Lütfen!

Kırmızı mercimek ile kremalı biber

(Yaklaşık 25 dakikada hazır | 9 Kişilik)

Porsiyon başına: Kalori: 193; Yağ: 8.5g; Karbonhidratlar: 22.3g; Protein: 8.5g

Hammadde

1 ½ su bardağı kırmızı mercimek, geceden ıslatılmış ve süzülmüş

4 ½ su bardağı su

1 dal biberiye

2 defne yaprağı

2 adet közlenmiş biber, çekirdekleri çıkarılmış ve doğranmış

1 arpacık soğan, kıyılmış

2 diş kıyılmış sarımsak

1/4 su bardağı zeytinyağı

2 yemek kaşığı tahin

Tatmak için deniz tuzu ve öğütülmüş karabiber

adresler

Kırmızı mercimek, su, biberiye ve defne yapraklarını bir tencereye alıp yüksek ateşte kaynamaya bırakın. Daha sonra ısıyı azaltın ve 20 dakika veya yumuşayana kadar pişirmeye devam edin.

Mercimekleri mutfak robotuna koyun.

Malzemelerin geri kalanını ekleyin ve iyice karışana kadar karıştırın.

Lütfen!

Wok Kızarmış Baharatlı Fasulye

(Yaklaşık 10 dakikada hazır | 4 Kişilik)

Porsiyon başına: Kalori: 196; Yağ: 8.7g; Karbonhidratlar: 23g; Protein: 7.3g

Hammadde

2 yemek kaşığı susam yağı

1 doğranmış soğan

1 havuç, ayıklanmış ve doğranmış

1 çay kaşığı zencefil-sarımsak ezmesi

1 pound kar bezelye

Sichuan biberi, tatmak

1 çay kaşığı Sriracha sosu

2 yemek kaşığı soya sosu

1 yemek kaşığı pirinç sirkesi

adresler

Susam yağını bir wok içinde kaynayana kadar ısıtın. Şimdi soğanı ve havucu 2 dakika veya çıtır çıtır olana kadar soteleyin.

Zencefil-sarımsak ezmesini ekleyin ve 30 saniye daha pişirmeye devam edin.

Fasulyeleri ekleyin ve hafifçe kömürleşene kadar yaklaşık 3 dakika yüksek ateşte pişirin.

Ardından biber, Sriracha, soya sosu ve pirinç sirkesini ekleyip 1 dakika daha soteleyin. Hemen servis yapın ve tadını çıkarın!

hızlı biber her gün

(Yaklaşık 35 dakikada hazır | 5 yapar)

Porsiyon başına: Kalori: 345; Yağ: 8.7g; Karbonhidratlar: 54.5g; Protein: 15.2g

Hammadde

2 yemek kaşığı zeytinyağı

1 büyük doğranmış soğan

Yaprakları ile 1 kereviz, ayıklanmış ve doğranmış

1 havuç, soyulmuş ve doğranmış

1 tatlı patates, soyulmuş ve doğranmış

3 diş kıyılmış sarımsak

1 jalapeno biber, doğranmış

1 çay kaşığı acı biber

1 çay kaşığı kişniş tohumu

1 çay kaşığı rezene tohumu

1 çay kaşığı kırmızı biber

2 su bardağı pişmiş domates, ezilmiş

2 yemek kaşığı domates sosu

2 çay kaşığı vegan mısır nişastası

1 bardak su

1 su bardağı soğan kreması

2 kilo konserve barbunya fasulyesi, süzülmüş

1 dilim limon

adresler

Zeytinyağını kalın tabanlı bir tencerede orta ateşte ısıtın. Sıcakken soğanı, kerevizi, havucu ve tatlı patatesi yaklaşık 4 dakika soteleyin.

Sarımsak ve jalapeño biberini yaklaşık 1 dakika kadar soteleyin.

Baharatları, domatesleri, ketçapı, vegan suyu, suyu, soğan kremasını ve konserve fasulyeyi ekleyin. Kısık ateşte ara sıra karıştırarak yaklaşık 30 dakika veya tamamen pişene kadar pişirin.

Kireç dilimleri ile süslenmiş servis yapın. Lütfen!

Börülce kremalı salata

(Yaklaşık 1 saatte hazır | 5 Kişilik)

Porsiyon başına: Kalori: 325; Yağ: 8.6g; Karbonhidrat: 48.2 gr; Protein: 17.2g

Hammadde

1 ½ su bardağı börülce, geceden ıslatılmış ve süzülmüş

4 sap frenk soğanı, dilimlenmiş

1 doğranmış havuç

1 su bardağı lahana, kıyılmış

2 dolmalık biber, çekirdekleri çıkarılmış ve doğranmış

2 orta boy domates, doğranmış

1 yemek kaşığı güneşte kurutulmuş domates, doğranmış

1 çay kaşığı kıyılmış sarımsak

1/2 su bardağı vegan mayonez

1 yemek kaşığı limon suyu

1/4 su bardağı beyaz şarap sirkesi

Tatmak için deniz tuzu ve öğütülmüş karabiber

adresler

Börülceleri 2 inç su ile örtün ve hafifçe kaynatın. Yaklaşık 15 dakika kaynamaya bırakın.

Ardından yaklaşık 45 dakika kısık ateşte koyun. Tamamen soğumaya bırakın.

Börülceleri bir kaba alın. Malzemelerin geri kalanını ekleyin ve iyice birleştirmek için karıştırın. Lütfen!

Nohut ile doldurulmuş avokado

(Yaklaşık 10 dakikada hazır | 4 Kişilik)

Porsiyon başına: Kalori: 205; Yağ: 15.2g; Karbonhidratlar: 16.8g; Protein: 4.1g

Hammadde

2 avokado, dilimlenmiş ve ikiye bölünmüş

1/2 taze sıkılmış limon

4 yemek kaşığı kıyılmış kişniş

1 diş kıyılmış sarımsak

1 orta boy doğranmış domates

1 dolmalık biber, tohumlanmış ve doğranmış

1 kırmızı dolmalık biber, tohumlanmış ve doğranmış

2 ons nohut, pişmiş veya haşlanmış, süzülmüş

Kaşar tuzu ve karabiber, tatmak için

adresler

Avokadonuzu servis tabağına alın. Her bir avokadonun üzerine limon suyu gezdirin.

Bir kapta, iyice karışana kadar kalan tepe malzemelerini hafifçe karıştırın.

Avokadoları hazırlanan karışımla doldurun ve hemen servis yapın. Lütfen!

Kara Fasulye Çorbası

(Yaklaşık 1 saat 50 dakikada hazır | 4. Bölüm)

Porsiyon başına: Kalori: 505; Yağ: 11.6g; Karbonhidratlar: 80.3g; Protein: 23.2g

Hammadde

2 su bardağı siyah fasulye, geceden ıslatılmış ve süzülmüş

1 dal kekik

2 yemek kaşığı hindistan cevizi yağı

2 doğranmış soğan

1 sap kereviz doğranmış

1 havuç, soyulmuş ve doğranmış

1 İtalyan dolmalık biber, tohumlanmış ve doğranmış

1 dolmalık biber, tohumlanmış ve doğranmış

4 diş sarımsak, preslenmiş veya kıyılmış

Tatmak için deniz tuzu ve taze çekilmiş karabiber

1/2 çay kaşığı öğütülmüş kimyon

1/4 çay kaşığı öğütülmüş defne yaprağı

1/4 çay kaşığı öğütülmüş biber

1/2 çay kaşığı kuru fesleğen

4 su bardağı sebze suyu

1/4 su bardağı taze kişniş, doğranmış

2 ons tortilla cipsi

adresler

Fasulyeleri ve 6 su bardağı suyu çorba tenceresinde kaynatın. Kaynattıktan sonra, kaynatmak için ısıyı azaltın. Kekik dallarını ekleyin ve yaklaşık 1 saat 30 dakika veya yumuşayana kadar pişirin.

Bu arada, kalın tabanlı bir tencerede yağı orta-yüksek ateşte ısıtın. Şimdi soğanı, kerevizi, havucu ve dolmalık biberi yumuşayana kadar yaklaşık 4 dakika soteleyin.

Ardından sarımsakları yaklaşık 1 dakika veya kokulu olana kadar kızartın.

Haşlanan fasulyelerin üzerine kavrulan karışımı ekleyin. Ardından tuz, karabiber, kimyon, öğütülmüş defne yaprağı, toz biber, kuru fesleğen ve sebze suyunu ekleyin.

Kısık ateşte ara sıra karıştırarak 15 dakika daha veya tamamen pişene kadar pişirmeye devam edin.

Taze kişniş ve tortilla cipsleri ile süsleyin. Lütfen!

Otlar ile beluga mercimek salatası

(Yaklaşık 20 dakikada hazır + soğuma süresi | 4 Kişilik)

Porsiyon başına: Kalori: 364; Yağ: 17g; Karbonhidrat: 40.2g; Protein: 13.3g

Hammadde

1 su bardağı kırmızı mercimek

3 su bardağı su

1 su bardağı üzüm domates, yarıya

1 yeşil dolmalık biber, tohumlanmış ve doğranmış

1 kırmızı dolmalık biber, tohumlanmış ve doğranmış

1 kırmızı dolmalık biber, tohumlanmış ve doğranmış

1 dilim salatalık

4 yemek kaşığı doğranmış arpacık

2 yemek kaşığı kıyılmış taze maydanoz

2 yemek kaşığı taze kişniş, doğranmış

2 yemek kaşığı taze kişniş, kıyılmış

2 yemek kaşığı taze fesleğen, kıyılmış

1/4 su bardağı zeytinyağı

1/2 çay kaşığı kimyon tohumu

1/2 çay kaşığı kıyılmış zencefil

1/2 çay kaşığı kıyılmış sarımsak

1 çay kaşığı agav şurubu

2 yemek kaşığı taze limon suyu

1 çay kaşığı limon kabuğu rendesi

Tatmak için deniz tuzu ve öğütülmüş karabiber

2 ons siyah zeytin, çekirdeksiz ve yarıya

adresler

Bir tencereye kahverengi mercimek ve su ekleyin ve yüksek ateşte kaynatın. Daha sonra ısıyı azaltın ve 20 dakika veya yumuşayana kadar pişirmeye devam edin.

Mercimekleri bir kaseye koyun.

Sebzeleri ve otları ekleyin ve iyice birleştirmek için karıştırın. Yağ, kimyon tohumu, zencefil, sarımsak, agav şurubu, limon suyu, limon kabuğu rendesi, tuz ve karabiberi bir kapta çırpın.

Salatayı süsleyin, zeytinlerle süsleyin ve oda sıcaklığında servis yapın. Lütfen!

İtalyan fasulye salatası

(Yaklaşık 1 saatte hazır + buzdolabında | 4 kişilik)

Porsiyon başına: Kalori: 495; Yağ: 21.1g; Karbonhidratlar: 58.4g; Protein: 22.1g

Hammadde

3/4 pound cannellini fasulyesi, geceden ıslatılmış ve süzülmüş

2 su bardağı karnabahar çiçeği

1 kırmızı soğan, ince kıyılmış

1 çay kaşığı kıyılmış sarımsak

1/2 çay kaşığı kıyılmış zencefil

1 jalapeno biber, doğranmış

1 su bardağı üzüm domates, dörde bölünmüş

1/3 su bardağı sızma zeytinyağı

1 yemek kaşığı limon suyu

1 çay kaşığı Dijon hardalı

1/4 su bardağı beyaz sirke

2 diş sarımsak, preslenmiş

1 çay kaşığı İtalyan bitki karışımı

Baharat için koşer tuzu ve öğütülmüş karabiber

2 ons yeşil zeytin, çekirdeksiz ve dilimlenmiş

adresler

Kapalı fasulyeleri tatlı su ile örtün ve kaynatın. Yaklaşık 10 dakika kaynamaya bırakın. Isıyı düşürün ve 60 dakika veya yumuşayana kadar pişirmeye devam edin.

Bu arada karnabahar çiçeklerini yaklaşık 6 dakika veya yumuşayana kadar kaynatın.

Fasulye ve karnabaharı tamamen soğutun; sonra bir salata kasesine aktarın.

Malzemelerin geri kalanını ekleyin ve iyice birleştirmek için karıştırın. Tatlandırın ve baharatı ayarlayın.

Lütfen!

Beyaz fasulye ile doldurulmuş domates

(Yaklaşık 10 dakikada hazır | 3 Kişilik)

Porsiyon başına: Kalori: 245; Yağ: 14.9g; Karbonhidratlar: 24.4g; Protein: 5.1g

Hammadde

3 orta boy domates, üstünü ince dilimleyin ve posayı çıkarın

1 rendelenmiş havuç

1 doğranmış kırmızı soğan

1 diş soyulmuş sarımsak

1/2 çay kaşığı kuru fesleğen

1/2 çay kaşığı kurutulmuş kekik

1 çay kaşığı kuru biberiye

3 yemek kaşığı zeytinyağı

3 ons konserve beyaz fasulye, süzülmüş

3 ons mısır taneleri, çözülmüş

1/2 su bardağı tortilla cipsi, ezilmiş

adresler

Servis tabağına domatesleri dizin.

Bir kapta, kalan tepe malzemelerini iyice karışana kadar birleştirin.

Avokadoyu doldurun ve hemen servis yapın. Lütfen!

Börülceli Kış Bezelye Çorbası

(Yaklaşık 1 saat 5 dakikada hazır | 5. Kısım)

Porsiyon başına: Kalori: 147; Yağ: 6g; Karbonhidratlar: 13.5g; Protein: 7.5g

Hammadde

2 yemek kaşığı zeytinyağı

1 doğranmış soğan

1 dilimlenmiş havuç

1 kıyılmış maydanoz

1 su bardağı rezene soğanı, doğranmış

2 diş kıyılmış sarımsak

2 su bardağı geceden ıslatılmış kuru börülce

5 su bardağı sebze suyu

Baharat için koşer tuzu ve taze çekilmiş karabiber

adresler

Zeytinyağını orta-yüksek ateşte bir tencerede ısıtın. Sıcakken soğanı, havucu, yaban havucunu ve rezeneyi 3 dakika veya yumuşayana kadar soteleyin.

Sarımsağı ekleyin ve 30 saniye veya aromatik olana kadar kızartmaya devam edin.

Fasulye, sebze suyu, tuz ve karabiber ekleyin. 1 saat daha veya tamamen pişene kadar kısmen pişirmeye devam edin.

Lütfen!

kırmızı fasulye köfte

(Yaklaşık 15 dakikada hazır | 4 Kişilik)

Porsiyon başına: Kalori: 318; Yağ: 15.1g; Karbonhidratlar: 36.5g; Protein: 10.9g

Hammadde

12 ons konserve veya pişmiş barbunya fasulyesi, süzülmüş

1/3 su bardağı eski moda yulaf

1/4 su bardağı çok amaçlı un

1 çay kaşığı kabartma tozu

1 küçük arpacık soğan, doğranmış

2 diş kıyılmış sarımsak

Tatmak için deniz tuzu ve öğütülmüş karabiber

1 çay kaşığı kırmızı biber

1/2 çay kaşığı toz biber

1/2 çay kaşığı öğütülmüş defne yaprağı

1/2 çay kaşığı öğütülmüş kimyon

1 chia yumurtası

4 yemek kaşığı zeytinyağı

adresler

Fasulyeleri bir kaseye alıp çatalla ezin.

Fasulye, yulaf, un, kabartma tozu, arpacık soğan, sarımsak, tuz, karabiber, kırmızı biber, pul biber, öğütülmüş defne yaprağı, kimyon ve sarımsağı chia yumurtasıyla iyice karıştırın.

Karışımla dört kek oluşturun.

Ardından zeytinyağını bir tavada yeterince yüksek bir sıcaklığa ısıtın. Kekleri bir veya iki kez çevirerek yaklaşık 8 dakika kızartın.

En sevdiğiniz soslarla servis yapın. Lütfen!

Ev yapımı bezelye burgerleri

(Yaklaşık 15 dakikada hazır | 4 Kişilik)

Porsiyon başına: Kalori: 467; Yağ: 19.1g; Karbonhidratlar: 58.5g; Protein: 15.8g

Hammadde

1 pound fasulye, dondurulmuş ve çözülmüş

1/2 su bardağı nohut unu

1/2 su bardağı sade un

1/2 su bardağı galeta unu

1 çay kaşığı kabartma tozu

2 keten yumurta

1 çay kaşığı kırmızı biber

1/2 çay kaşığı kuru fesleğen

1/2 çay kaşığı kurutulmuş kekik

Tatmak için deniz tuzu ve öğütülmüş karabiber

4 yemek kaşığı zeytinyağı

4 hamburger ekmeği

adresler

Bezelye, un, galeta unu, kabartma tozu, yumurta, kırmızı biber, fesleğen, kekik, tuz ve karabiberi bir kapta iyice karıştırın.

Karışımla dört kek oluşturun.

Ardından zeytinyağını bir tavada yeterince yüksek bir sıcaklığa ısıtın. Kekleri bir veya iki kez çevirerek yaklaşık 8 dakika kızartın.

Hamburger ekmeği üzerinde servis yapın ve tadını çıkarın!

Kara fasulye ve ıspanak güveç

(Yaklaşık 1 saat 35'te hazır | 4. Bölüm)

Porsiyon başına: Kalori: 459; Yağ: 9.1g; Karbonhidratlar: 72g; Protein: 25.4g

Hammadde

2 su bardağı siyah fasulye, geceden ıslatılmış ve süzülmüş

2 yemek kaşığı zeytinyağı

1 soğan, soyulmuş ve ikiye bölünmüş

1 jalapeño biber, dilimlenmiş

2 dolmalık biber, çekirdekleri çıkarılmış ve dilimlenmiş

1 su bardağı mantar, dilimlenmiş

2 diş kıyılmış sarımsak

2 su bardağı sebze suyu

1 çay kaşığı kırmızı biber

Kaşar tuzu ve karabiber, tatmak için

1 defne yaprağı

2 su bardağı ıspanak, parçalar halinde kesilmiş

adresler

Kapalı fasulyeleri tatlı su ile örtün ve kaynatın. Yaklaşık 10 dakika kaynamaya bırakın. Isıyı düşürün ve 50 ila 55 dakika veya yumuşayana kadar pişirmeye devam edin.

Zeytinyağını kalın tabanlı bir tencerede orta ateşte ısıtın. Sıcakken soğan ve dolmalık biberi yaklaşık 3 dakika soteleyin.

Sarımsağı ve mantarları yaklaşık 3 dakika veya mantarlar sıvılarını bırakana ve sarımsaklar kokulu hale gelene kadar kızartın.

Sebze suyu, kırmızı biber, tuz, karabiber, defne yaprağı ve pişmiş fasulyeyi ekleyin. Düzenli olarak karıştırarak, yaklaşık 25 dakika veya tamamen pişene kadar kısık ateşte pişirin.

Sonra ıspanağı ekleyin ve kapağı kapalı olarak yaklaşık 5 dakika pişirin. Lütfen!

Şimdiye kadarki en iyi çikolatalı granola

(Yaklaşık 1 saatte hazır | 10 kişilik)

Porsiyon başına: Kalori: 428; Yağ: 23.4g; Karbonhidratlar: 46.4g; Protein: 11.3g

hammadde

1/2 su bardağı hindistan cevizi yağı

1/2 su bardağı agav şurubu

1 çay kaşığı vanilya ezmesi

3 bardak yuvarlanmış yulaf

1/2 su bardağı fındık, kıyılmış

1/2 su bardağı kabak çekirdeği

1/2 çay kaşığı öğütülmüş kakule

1 çay kaşığı öğütülmüş tarçın

1/4 çay kaşığı öğütülmüş karanfil

1 çay kaşığı himalaya tuzu

1/2 su bardağı bitter çikolata, parçalara ayrılmış

Talimatlar

Fırınınızı 260 derece F'ye ısıtarak başlayın; Parşömen kağıdı ile iki fırın tepsisini hizalayın.

Ardından hindistancevizi yağı, agave şurubu ve vanilyayı bir karıştırma kabında birleştirin.

Yavaş yavaş yulaf, fındık, kabak çekirdeği ve baharatları ekleyin; iyice kaplamak için atın. Karışımı hazırlanan fırın tepsilerine yayın.

Fırının ortasında, arada karıştırarak yaklaşık 1 saat veya altın rengi kahverengi olana kadar pişirin.

Bitter çikolatayı ekleyin ve granolayı saklamadan önce tamamen soğumaya bırakın. hava geçirmez bir kapta saklayın.

Lütfen!

Güz Kabak Barbekü Kurabiye

(Yaklaşık 30 dakikada hazır | 4 Kişilik)

Porsiyon başına: Kalori: 198; Yağ: 9.4g; Karbonhidratlar: 24.5g; Protein: 5.2g

hammadde

1/2 su bardağı yulaf ezmesi

1/2 su bardağı beyaz tam buğday unu

1 çay kaşığı kabartma tozu

1/4 çay kaşığı Himalaya tuzu

1 çay kaşığı şeker

1/2 çay kaşığı toz biber

1/2 çay kaşığı öğütülmüş tarçın

1/2 çay kaşığı şekerlenmiş zencefil

1 çay kaşığı limon suyu, taze sıkılmış

1/2 su bardağı badem sütü

1/2 su bardağı kabak püresi

2 yemek kaşığı hindistan cevizi yağı

Talimatlar

Un, kabartma tozu, tuz, şeker ve baharatları bir kapta iyice karıştırın. Yavaş yavaş limon suyu, süt ve kabak püresini ekleyin.

Elektrikli bir tavayı orta boy bir tavada ısıtın ve hafifçe hindistancevizi yağı ile yağlayın.

Pastayı kabarcıklar oluşana kadar yaklaşık 3 dakika pişirin; Ters çevirin ve diğer tarafını altı kızarana kadar 3 dakika daha pişirin.

Kalan yağ ve meyilli ile tekrarlayın. Arzuya göre tarçınlı şekerle servis yapın. Lütfen!

www.ingramcontent.com/pod-product-compliance
Lightning Source LLC
Chambersburg PA
CBHW080455110526
44587CB00039B/1832